Familias de hoy

David S. Chedekel, Ed. D.
Karen G. O'Connell, Ph. D.

TRADUCCIÓN

Mercedes Domínguez Pérez para Grupo ROS

REVISIÓN

Grupo ROS

MADRID ● BUENOS AIRES ● CARACAS ● GUATEMALA ● LISBOA
MÉXICO ● NUEVA YORK ● PANAMÁ ● SAN JUAN ● SANTAFÉ DE BOGOTÁ
SANTIAGO ● SAO PAULO ● AUCKLAND ● HAMBURGO ● LONDRES ● MILÁN
MONTREAL ● NUEVA DELHI ● PARÍS ● SAN FRANCISCO ● SIDNEY ● SINGAPUR
ST. LOUIS ● TOKIO ● TORONTO

FAMILIAS DE HOY

 **McGraw-Hill/Interamericana de España, S.A.U.**

DERECHOS RESERVADOS © 2002, respecto a la primera edición en español, por McGRAW-HILL/INTERAMERICANA DE ESPAÑA, S.A.U.
Edificio Valrealty, 1ª planta. C/ Basauri, 17
28023 Aravaca (Madrid)
www.mcgraw-hill.es
profesional@mcgraw-hill.com

Traducido de la primera edición en inglés de
THE BLENDED FAMILY
ISBN: 0-7373-0387-5

Copyright de la edición original en lengua inglesa © 2002 por David Chedekel y Karen O'Connell.

ISBN: 84-481-3739-6
Depósito Legal: M-40.224-2002

Editora: Mercedes Rico Grau
Diseño de cubierta e interiores: DIMA
Copyrigth ilustración interior: Agustín Garriga Botello
Compuesto en Grupo ROS
Impreso en: Cofás, S.A.

IMPRESO EN ESPAÑA - PRINTED IN SPAIN

Índice

Prefacio

Durante los numerosos años que llevamos siendo compañeros y buenos amigos, hemos mantenido varias conversaciones del tipo «¿y si...?» acerca de qué podrían y deberían haber hecho nuestros clientes para evitar las tensiones y presiones que les condujeron hasta nosotros en busca de ayuda profesional. Como resultado de estas especulaciones, hemos escrito este libro, motivados por el deseo de alentar y favorecer un comportamiento práctico que ayude a aquellos que se enfrentan a cambios familiares a afrontar las transiciones de forma meditada y cautelosa. Esperamos que los ejemplos que ofrecemos sirvan para que las familias que experimenten una transición sepan que no están solas y comprendan que los cambios (incluso los cambios para mejor) nunca resultan fáciles. Además, nos gustaría que este libro recuerde a los lectores que durante cada una de las etapas del proceso de formación de una nueva familia deben tenerse en cuenta las necesidades y opiniones de todos los implicados en el mismo.

Las cuestiones relacionadas con la formación de una nueva familia se han complicado notablemente a medida que la sociedad se ha hecho más diversa y tolerante con la diversidad: las familias están superando poco a poco las antiguas barreras de raza, religión y sexualidad; el retraso en la edad de contraer matrimonio y tener hijos ha llevado a que exista una diferencia generacional y de edad entre padres e hijos; algunas unidades familiares se forman sin que se produzca un matrimonio tradicional... Debido a estos cambios sociales, la definición de familia en este libro es muy amplia: cualquier unidad de individuos, con o sin relación de parentesco, que se han comprometido a compartir sus vidas a diario.

No hay nada que proporcione mayor seguridad y tranquilidad que saber que se forma parte de una familia armoniosa y cariñosa. Ambos autores hemos tenido la suerte de crecer en un entorno así. Consideramos que esta sólida base, además de nuestra experiencia clínica y de consulta con niños y familias, nos proporciona un buen conocimiento y comprensión de este tema que puede servir como guía, apoyo y solución práctica a las dudas y los interrogantes que se plantean nuestros lectores sobre sus nuevas familias.

Los ejemplos incluidos en este libro ilustran las dudas de las familias con las que hemos trabajado durante muchos años, aunque por cuestiones de confidencialidad hemos modificado los casos y no se utilizan los nombres reales.

Agradecimientos

Gracias a Jack Artenstein por animarnos a realizar este proyecto; a María Magallanes, nuestra editora, por su paciencia, ánimo y consejo profesional; y a Laura O´Hare, que aportó una contribución incalculable al desarrollo de este libro. Hacemos extensible nuestro agradecimiento a Roger y Elaine Gardner, por el enorme esfuerzo para coordinar las constantes comunicaciones de costa a costa del país, y a Kimberly Meaney por su estupenda labor de investigación. También queremos dar las gracias a nuestras familias, que se mostraron tolerantes y nos brindaron todo su apoyo en este proceso y, por último, gracias a aquellas personas con las que hemos tenido el privilegio de trabajar en nuestras sesiones clínicas, sin cuyo esfuerzo y duro trabajo este libro no hubiera sido posible.

1

Familias de hoy: sus orígenes

De forma más o menos evidente, toda familia constituye una mezcla. Todo aquel que haya asistido alguna vez a una reunión familiar sabe que poseer una misma carga genética no garantiza que todos compartan los mismos valores y creencias, ni siquiera que dispongan de la misma capacidad para salir adelante. Un hijo creyente en una familia de ateos, una hija demócrata liberal en una familia de larga y estricta tradición republicana, el tío homosexual o el primo bohemio en una familia tradicional, el aficionado al alcohol en una familia de abstemios, el hijo vegetariano en una familia de ganaderos..., incluso los miembros más cercanos de una familia pueden tener grandes diferencias entre ellos.

Una de las cuestiones relacionadas con la formación de una nueva familia que se trata en este libro es la de la disolución del núcleo familiar más inmediato y la incorporación de otros miembros al mismo. Los padres se divorcian y se unen a nuevos compañeros, una pareja del mismo sexo decide adoptar un hijo, el matrimonio casado desde hace años, padres de un adolescente, acoge en su hogar a un progenitor enfermo: todos los días se producen cambios dentro del núcleo familiar tradicional. Con independencia de la frecuencia con que se produzcan, estas alteraciones no sólo no resultan fáciles sino que además, por lo general, son extraordinariamente dolorosas y traumáticas para todos los implicados.

A menudo, el proceso de formación de una nueva familia se ve precipitado por una pérdida, normalmente por un divorcio o una muerte. Por ello, iniciamos este libro con un capítulo dedicado a las pérdidas. Para aquellos que se encuentran en medio de una situación así, este capítulo puede servirles de ayuda para superar esta dura experiencia. Para los que están sufriendo los coletazos de esta situación algún tiempo después de producirse, este capítulo no es del tipo «¿qué pasaría si...?», sino «cómo ser...»: un medio para comprender qué salió mal y cómo aún puede salir bien.

Divorcio

Según el *National Center for Health Statistics*, el organismo del *Department of Health and Human Services* que recopila los datos referentes a matrimonios y divorcios en los Estados Unidos, la tasa de divorcio (por cada 1.000 habitantes) ha aumentado desde 0,7 en 1900 hasta 5,3 en 1981. Las estadísticas más recientes indican un ligero descenso desde comienzos de los años ochenta. La tasa en 1999 era 4,1. Sin embargo, esta disminución no significa necesariamente que la gente consiga mantener mejor los sistemas familiares tradicionales, sino que está claramente provocada por la cantidad de personas que deciden vivir en pareja sin casarse.

El divorcio se define en general como la disolución de una relación marital. Los que han pasado por un divorcio saben que éste afecta a muchas más personas además de al matrimonio en sí: afecta a los hijos, a la familia política, a los amigos y a otros miembros de la familia. Conlleva implicaciones tanto emocionales como económicas que pueden ser duraderas, especialmente cuando hay hijos de por medio. Durante un proceso de divorcio, los sentimientos y las reacciones son incomprensiblemente cambiantes, pero cuanto más se tengan en cuenta las consecuencias a largo plazo de las decisiones que se tomen y del comportamiento que se adopte, mejor se sentirá uno.

Prepararse para el divorcio

Informarse antes de iniciar los procedimientos de divorcio hace menos difícil este proceso. Es esencial recopilar la máxima cantidad de información como sea posible: no sigas un esquema de actuación sólo porque le dio buen resultado a un amigo o a un compañero. Las situaciones siempre son diferentes.

Es importante pensar y planificar detalladamente. En la medida de lo posible, deja a un lado los sentimientos dolorosos para determinar de forma justa y razonable qué es lo que deseas conseguir.

Obviamente, un divorcio supone un cambio importante en la vida que afecta tanto al aspecto económico como al emocional. No debe llevarse a cabo sin el asesoramiento profesional de un buen abogado matrimonialista. Los gastos inmediatos que conlleva un buen abogado darán su fruto a la larga, ya que los costes a largo plazo derivados de un mal acuerdo de divorcio pueden resultar enormes en términos económicos, de estabilidad emocional y de relaciones familiares.

Dicho esto, no todos los abogados son iguales ni tampoco un abultado anticipo garantiza una representación de calidad. Hay dos aspectos esenciales a la hora de buscar el mejor abogado. Primero, entrevistarse con varios sin prisa: precipitarse puede resultar una gran pérdida de tiempo y de dinero. Investiga el historial del abogado y procura dilucidar si su estrategia se adecúa a tu caso particular. ¿Se esfuerza por conseguir un divorcio lo más amistoso posible o su único propósito es obtener la máxima parte de los bienes materiales, sea cual sea el coste emocional? La primera posibilidad es seguramente la mejor si debes compartir la custodia de tus hijos con un exesposo o exesposa con el que todavía mantienes un trato más o menos cordial pero con el que ya no quieres vivir; la segunda posibilidad es una necesidad si descubres que tu, en un tiempo, media naranja ha depositado todos los bienes familiares en una cuenta en un país extranjero. Ten en cuenta si te sientes cómodo hablando con el abogado. ¿Se comporta respetuosamente (responde a tus preguntas con facilidad y respeta tu inteligencia) o te trata con condescendencia (elude tus preguntas y te sugiere simplemente que confíes en él para encargarse de todo)? Si otro de sus clientes está dispuesto a hablar contigo, investiga si se siente representado de forma adecuada: ¿respondieron a sus necesidades?, ¿y a sus llamadas telefónicas? Además, llama al colegio de abogados de la zona y acude al juzgado para averiguar toda la información posible acerca de la reputación de tu posible abogado. Lo último que necesitas es un abogado cuya sola presencia indisponga a la mitad de los jueces de tu municipio.

En segundo lugar, recuerda quién manda. Tu abogado sabe cosas que tú no conoces, pero aún así trabaja para ti. No permitas que el abogado tome decisiones que vayan en contra de tu opinión sólo porque él sea el experto. Recuerda que por muy escrupuloso que tu abogado pueda ser, para él no eres más que uno de los muchos clientes que le pagarán una minuta. Tú eres el que debe tomar decisiones que afectarán al resto de tu vida. Cuanto más te involucres en tu propio caso, mejor te sentirás a largo plazo. Ten en cuenta lo siguiente: las decisiones tomadas con el corazón quizás no sean las mejores. Todo el mundo comete errores y sigue adelante. Sin embargo si, contra tu mejor criterio, haces algo que a largo plazo resulta negativo (tal y como te decía tu instinto), puedes estar lamentándolo el resto de tu vida.

Cuando tengas claro cuáles son tus objetivos emocionales y económicos, tendrás que tener en cuenta el inevitable sacrificio y compromiso necesarios tanto por tu parte como por parte del que pronto será tu ex-esposo o ex-esposa. En primer lugar, los ingresos a los que estabas acostumbrado cuando vivías en familia ahora deberán mantener dos hogares. No es realista pensar que tu estilo de vida no cambiará.

Esto nos lleva a las cuestiones primordiales en los casos de divorcio: sentimientos dañados, ira y hostilidad. Cuando hay hijos implicados, este campo de minas emocional puede ser desastroso. Incluso en las situaciones más difíciles, por tu propio interés y el de tus hijos, es esencial mantener una comunicación lo más civilizada y consecuente posible en beneficio de su bienestar. Cuanto menos procures utilizar las cuestiones económicas para fijar o exigir una pensión a corto plazo, mejor irán las cosas en el futuro. Recuerda que, por lo general, el gran vencedor en las pequeñas batallas financieras siempre es el abogado.

Profesionales que pueden ayudarte en cuestiones de divorcio

Realmente existe una gran variedad de cuestiones relacionadas con un divorcio y puede que necesites la ayuda de diferentes profesionales para solucionarlas de la mejor manera posible.

Mediadores

La mediación es una de las posibilidades para desarrollar una negociación a nivel civil, pero para que sea eficaz es necesario que ambas partes estén dispuestas a cooperar de manera justa para resolver las cuestiones que son objeto de disputa. Por estas mismas razones, la mediación no es efectiva en los casos que impliquen abusos, dependencia de las drogas o el alcohol o, incluso, la negativa de una de las partes a dejar marchar a la otra. La clave para acordar satisfactoriamente un divorcio a través de una mediación es estar de acuerdo en que la cooperación, en lugar del enfrentamiento, es la mejor forma de resolver una disputa.

En comparación con un juicio, la mediación ofrece varias ventajas importantes. Un mediador es una tercera parte neutral preparada para solucionar problemas; no se trata de un abogado. La mediación confiere a las partes implicadas un auténtico control sobre decisiones importantes en lugar de delegarlas en un juez. También puede conllevar ventajas económicas y permitir que el proceso se agilice cuando las cuestiones económicas no son objeto de grandes diferencias. Lo mejor de todo es que, a diferencia de un juicio, la mediación no es un procedimiento de enfrentamiento. Independientemente de lo amigables que las partes deseen ser, en los juicios siempre hay un ganador y un perdedor. Esta experiencia puede exacerbar los problemas existentes y dar la impresión de que existe un desequilibrio de poder entre las partes separadas, un desequilibrio que puede desembocar en años de dolorosas y agotadoras luchas de poder en acciones posteriores al divorcio.

Aunque elijas la mediación, será necesario que tu abogado revise los términos finales del acuerdo si no ha participado en su redacción. Cada parte debe tener su propia representación: *bajo ninguna circunstancia*, incluso en el caso de la separación más amistosa, un único abogado debe aconsejar a las dos partes.

Abogados matrimonialistas

Los abogados matrimonialistas negocian en primer lugar con el reparto de los bienes y, en caso necesario, con las cuestiones relativas a la custodia de los hijos. Cuanto más honrado puedas ser contigo mismo y con tu abogado acerca de las limitaciones de tiempo y de dinero, mejor irán las cosas a la larga. Quizás inicialmente tengas la intención de seguir pagando la hipoteca del hogar familiar, pero los gastos del día a día adicionales harán necesario que busques un segundo empleo. Es el momento de tomar en consideración las opciones. ¿Te restará este segundo trabajo tiempo para estar con tus hijos? ¿Merece la pena perder las vacaciones y los fines de semana por mantener el nivel de vida? ¿Hay alguna forma de que tu ex realice una mayor contribución económica? Es importante no dejar que el orgullo o el temor a una futura intromisión en la vida de tus hijos te lleve a tomar decisiones que podrían reducir tus oportunidades de participar en sus vidas. Debes analizar cuidadosamente todos los aspectos de tu economía: la deuda marital, los gastos de los seguros médicos, la pensión alimenticia, la pensión a tus hijos, los impuestos, la educación de los niños, el retiro... Un abogado matrimonialista te ayudará a calcular y planificar todas estas cuestiones para evitar las incertidumbres que podrían ocasionar auténticos problemas en el futuro.

Cuando se trata de la custodia, la precisión es esencial. No confíes a la memoria o des por hecho los calendarios de vacaciones de los niños, las fechas de los campamentos de verano o, incluso, las revisiones médicas anuales o las visitas al dentista. Realiza con suficiente antelación la planificación de las vacaciones y las celebraciones y después decide en qué circunstancias (como un viaje inesperado o una enfermedad) estarás dispuesto a modificar los planes. Es esencial tanto para los niños como para ti determinar, de la forma más precisa y justa posible, tu interferencia y responsabilidad sobre el tiempo y la vida de tus hijos.

Terapeutas

Además de los abogados y los mediadores, los terapeutas familiares desempeñan un papel fundamental en los asuntos relacionados con la custodia de los hijos. La función más importante del terapeuta consiste en recordar constantemente las necesidades de los menores. Te pueden orientar sobre cómo organizarte para proporcionarles un cuidado continuado, no sólo físico, sino

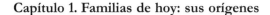

también económico y emocional. Aunque no es necesario mencionarlo, debes realizar un gran esfuerzo para no poner a tus hijos *en el medio*. Aunque esto te parezca positivo y lógico, conseguirlo puede resultar bien difícil; el divorcio suele ir acompañado de enfados, amargura y culpas: por lo general, cada uno de los cónyuges se siente agraviado por el otro.

A menudo se inicia un círculo vicioso de «es que él dijo», «es que ella dijo» en el que cada parte acusa a la otra, recordando el pasado y toda una ristra de «ofensas». Esto no sólo no es constructivo, sino que además hace un tremendo daño a los hijos, que son testigos del enfrentamiento entre sus padres. Cuando los padres permiten que la ira se apodere de su juicio, los hijos se convierten en objeto de una lucha por el control que debilita su capacidad de desarrollarse normalmente y les roba una buena parte de su preciada infancia. La tristeza, la ansiedad y el enojo que los hijos sienten, incluso en el caso de un divorcio amistoso, se convierten en un serio problema cuando los padres pierden el control.

En los peores casos de enfrentamiento matrimonial, los padres rencorosos intentarán ganarse la simpatía y el apoyo de sus vecinos, familiares, amigos, profesores, médicos y, por supuesto, de sus propios hijos. En estas situaciones extremas los hijos tienden a desarrollar una personalidad camaleónica y dicen o hacen lo que creen que complacerá al adulto con el que se encuentren. Este deseo de agradar puede tener graves consecuencias que afectan al desarrollo del carácter del niño y le hacen vulnerable ante personas desconsideradas.

En estas situaciones, la intervención de un terapeuta puede darle la vuelta a la tortilla (con mayor o menor éxito), siempre y cuando se solicite su ayuda y los padres estén dispuestos a reconocer sus errores. Pero para que esta terapia sea efectiva ambas partes deben realizar un sincero, constante y dedicado esfuerzo por dejar de lado sus propias necesidades en favor de las de sus hijos.

En todos los capítulos de este libro incluimos casos de la vida real basados en algunas de nuestras experiencias, si bien los hemos modificado para proteger la intimidad de nuestros clientes. Algunas historias ilustran cómo pueden cambiarse las cosas si la familia trabaja unida y otras por desgracia nos recuerdan qué puede ocurrir cuando la familia no coopera. Todos los ejemplos terminan con una lección que debemos aprender de las experiencias de estas familias.

Daria y Steve

Novios que maduraron por separado

Daria y Steve iniciaron su noviazgo durante el bachillerato y se casaron poco después de finalizar sus estudios. Durante los seis primeros años de matrimonio tuvieron tres hijos que crecieron en la misma ciudad que sus padres. Los problemas matrimoniales empezaron cuando Daria empezó a trabajar a media jornada y dejó de atender el hogar familiar como cuando estaba en casa todo el día. En ese momento, Steve consideró que Daria no prestaba el mismo interés que antes a su matrimonio y comenzó a salir con sus amigos por la noche, después de su jornada laboral en la construcción. También comenzó una relación con una mujer a la que él y su esposa conocían desde niños. Cuando Daria se enteró de esta relación, le pidió a Steve que se fuera de casa y, finalmente, se divorciaron.

Una vez concluido el divorcio, se descubrió que Daria también escondía su propio secreto: ella también mantenía una relación con un compañero casado del trabajo. La verdad se hizo pública durante el proceso de divorcio de este compañero. Cuando Steve se enteró de que ella también le había engañado, se sintió muy enojado. Su frágil relación y el razonablemente buen acuerdo de custodia se desmoronaron.

Hasta que esto ocurrió, Daria tenía a los niños a su cargo y Steve tenía derecho de visita cada dos fines de semana y un día entre semana, así como el periodo de vacaciones compartido. A la luz de esta nueva información, Steve consideró que el acuerdo de divorcio era un fraude y quería llevar el caso de nuevo al tribunal para revisarlo. Creía que la pensión que debía pasarles a sus hijos era demasiado elevada y que Daria debía buscar un trabajo mejor remunerado o un trabajo complementario con el fin de dividir a medias la carga económica.

A medida que la comunicación entre ellos se deterioró, se les aconsejó que buscaran asesoramiento. Afortunadamente, los dos tuvieron claro que la terapia constituía un remedio menos caro, y más rápido y efectivo que volver a los tribunales. Conscientes de la dificultad de encontrar un terapeuta que les satisficiera a los dos, se comprometieron a aceptar el que les recomendara el pediatra de sus hijos.

Aunque era buena señal que los dos estuvieran de acuerdo en ver a un consejero, no era más que el comienzo de un difícil proceso. Las dos partes querían «persuadir» al terapeuta y mostrar su lado positivo. Habían perdido la capacidad de comunicarse y, como resultado, sus hijos estaban sufriendo; se movían constantemente en arenas movedizas y esto les hacía estar irritables. El mayor, un chico de trece años, estaba atravesando momentos muy difíciles y no tenía a nadie con quien compartir sus sentimientos.

Tuvieron que pasar varias sesiones para que Steve y Daria comprendieran que el objetivo de la terapia no era sacar los trapos sucios o tener la razón, sino ser capaces de comunicarse de forma civilizada y consecuente en lo referente a sus hijos. El primer paso consistía en buscar un lugar neutral y seguro donde su hijo mayor pudiera hablar de los numerosos cambios que estaba experimentando en su vida y sobre los que no ejercía ningún control. Aunque se culpaban mutuamente, no pudieron negar que su hijo tenía problemas y, finalmente, estuvieron de acuerdo en seguir el tratamiento aconsejado por el pediatra.

Una vez iniciado el tratamiento del niño, el siguiente paso era establecer unas normas de comunicación más definidas. Las charlas acababan en peleas, así que elaboraron una lista para reducir las tensiones en la comunicación. Las listas de este tipo sirven para delimitar el conflicto y para que todos escuchen de forma respetuosa y expresen sus opiniones con calma y de manera adecuada.

Con el tiempo, tanto Steve como Daria fueron capaces de asumir sus propios errores y reconocer que, independientemente de lo que hubiera salido mal, tenían tres hijos maravillosos. Cuanto más tiempo estaban en tratamiento, más fácil les resultaba centrarse en el presente y en su futuro como padres de unos hijos en común. Las hostilidades cesaron y, aunque el rencor nunca desapareció por completo, pudieron evitar que interfiriera en su labor como padres.

Entre Steve y Daria existía una hostilidad que se da con mucha frecuencia en parejas separadas. Por suerte para ellos y para sus hijos, no se produjeron abusos físicos ni emocionales, ni falta de atención. La negatividad que expresaban el uno del otro frente a sus hijos, si bien dañina, era el resultado de un enfado espontáneo y no era algo planificado, manipulado o engañoso. Gracias a que no se dejaron llevar por el deseo de lograr el afecto de sus hijos a expensas del otro, pudieron apreciar el efecto positivo que sobre los niños tenía que ellos se trataran bien. De esta forma consiguieron llegar a un acuerdo de comunicación que les permitía tratar sus cuestiones económicas de manera realista.

En este punto del proceso, los dos abogados acordaron que no había posibilidades de que el tribunal modificara la pensión de los hijos u otros acuerdos económicos. Daria decidió comprarle a su hijo menor su primera bicicleta con el dinero obtenido por la devolución de impuestos y, además, puso el nombre de Steve junto al suyo en la tarjeta de felicitación. Steve apreció enormemente este detalle de Daria, el cual supuso una notable mejora en su relación posterior. Cada vez que tenían que tratar algún asunto importante, visitaban al terapeuta y trabajaban conjuntamente por mantener una comunicación fluida.

Qué debemos aprender de la experiencia de Steve y Daria:

- *Establece pronto las expectativas.* Obviamente, Daria y Steve, como pareja joven de recién casados, no poseían la experiencia y madurez necesarias para considerar las implicaciones que el crecimiento personal y los cambios tendrían en su matrimonio. Steve interpretó el deseo de Daria de hacer algo nuevo en su vida como una forma de abandono.

- *Los secretos no se pueden ocultar.* No es extraño que Daria no quisiera decirle a Steve que ella también fue infiel. Pero cuando Steve descubrió su engaño, lógicamente sintió que había asumido de forma injusta gran parte de la culpa. Su enojo no era sorprendente ni injustificado.

- *Tus acciones negativas afectan de forma directa a tus hijos.* Aunque es muy fácil deshacerse del sentimiento de culpa, ten en cuenta que has elegido ser padre y, aunque no hayas escogido estar divorciado, sí tienes cierta responsabilidad. Tus hijos se sienten impotentes en esta situación: no les hagas más daño obligándoles a escoger entre uno de sus padres.

- *Centrarte en tus hijos y en su futuro es la forma más rápida de superar tu ira.* Al fin y al cabo, ellos son la prueba de que tu cónyuge y tú hicisteis algo bien. La recompensa de ver crecer a tus hijos felices es mucho mayor que la satisfacción momentánea de discutir con tu ex.

Anne y Barry

Una pareja que antepuso las necesidades de su hija a las suyas propias

Anne y Barry compartieron durante ocho años un matrimonio plagado de abusos verbales. Tenían una hija en común, Sonja, que tenía seis años cuando se divorciaron. Cuando Barry se fue de casa, Sonja, que siempre había dormido de un tirón, comenzó a negarse a ir a la cama y se despertaba varias veces durante la noche llamando a su padre. Insistía en que no se dormiría hasta que su padre no llegara a casa. Tanto Anne como Barry se centraron en la salud emocional de Sonja, para lo que dejaron de lado sus diferencias y acordaron una estrategia juntos: Barry acudiría a la casa todas las noches para leerle un cuento a Sonja. De esta forma, la niña tuvo más tiempo para adaptarse al hecho de que su padre ya no vivía en la casa. Con el tiempo, Sonja se hizo a la idea y Barry dejó de ir por las noches.

Qué debemos aprender de Anne y Barry:

- *Ten en cuenta las necesidades de tu hijo en primer lugar.* Dejar pasar de largo una pelea puede contribuir en gran medida a fomentar la felicidad y seguridad de tu hijo a largo plazo.

- *Sé consciente de que el ritmo de tu hijo no es como el tuyo.* Que tú seas capaz de romper los vínculos no significa que tu hijo pueda hacer frente a la nueva situación. Procura buscar la forma de ayudarle a adaptarse a las nuevas circunstancias, pero no le hagas albergar la falsa esperanza de una posible reconciliación de sus padres.

Separación por muerte

No existe ninguna situación comparable a la muerte de un ser querido. Con independencia de la edad, cultura o experiencia vital, nunca se está preparado para esta separación hasta que no se pasa por ella. Las primeras experiencias de un niño con la muerte se refieren por lo general a la pérdida de una mascota o quizá de un abuelo o un vecino mayor. Pero, por desgracia, algunos pierden a uno de sus progenitores, ya sea por enfermedad o a causa de un accidente. La forma en que los niños sienten y superan esta pérdida depende de varios factores: su edad y grado de desarrollo, si se ha tratado anteriormente o no el tema de la muerte en el hogar y en qué medida se les permita participar en el proceso de duelo de la familia.

Las experiencias de los niños con la muerte varían dependiendo de sus edades. Los niños muy pequeños no comprenden el concepto de muerte ni su condición de definitiva. Ven el mundo a su alrededor como una extensión de ellos mismos: mientras ellos existan, todo y todos los demás también existirán.

Durante su etapa de edad preescolar, los niños se van percatando de las idas y venidas de los demás y comienzan a comprender que están separados. Aún así, la cualidad de irreparable de la muerte no es algo que puedan comprender. Es frecuente que los niños de esta edad pregunten en numerosas ocasiones cuándo vuelve la persona fallecida.

Durante sus años de colegio, los niños comienzan a darse cuenta de que la muerte y otros aspectos de la vida son permanentes. En esta etapa pueden experimentar grandes dificultades ante las cuestiones relacionadas con la muerte. Se sienten tristes porque son capaces de comprender perfectamente que la persona querida no volverá y también pueden sentirse culpables al recordar un comentario desagradable que desearían no haber hecho o una oportunidad de ver a la persona fallecida que cambiaron por ir a la fiesta de un amigo o a un partido.

Por último, a medida que se adentran en la etapa de la adolescencia, son capaces de considerar la muerte como algo definitivo y una parte necesaria de la existencia humana.

Hablar con los niños sobre la muerte

La muerte es una cuestión extremadamente difícil para la mayor parte de las personas y muchos padres evitan tratar este asunto hasta que no queda más remedio que hacerlo. Por desgracia, en ese momento la capacidad del niño para procesar y comprender qué ha ocurrido se ve afectada por la tristeza y confusión que siente. Hablar sobre la muerte de manera directa no resulta fácil pero, en caso de ocurrir una desgracia de este tipo, puede resultar muy beneficioso para que el niño desarrolle su capacidad de asumir este trauma.

En la mayor parte de los casos, la primera pérdida real y personal que sufre un niño es la muerte de una mascota. No menosprecies ni intentes quitarle importancia a esta experiencia y los sentimientos que la acompañan; aprovecha la oportunidad y permite que tu hijo llore la pérdida. Háblale de lo que le ha ocurrido a su mascota y celebra una ceremonia para enterrarla: puedes enterrar su tortuga con toda la pompa y circunstancia posible, u organizar un velatorio por ese perro que ya no correrá nunca más por el jardín. Deja que sea el niño el que decida qué tipo de ritual quiere celebrar; no intentes hacerle cambiar de opinión en favor de una práctica más tradicional si desea celebrar una fiesta o colocar el hueso de Rover en su habitación como elemento decorativo. Cada persona asume la muerte de una manera diferente; lo realmente importante es afrontarla. Quién sabe, a lo mejor tu hijo te enseña algo nuevo sobre cómo puedes afrontar una situación difícil.

Cuando se trata de la muerte del cuidador del niño, puede sufrir un gran impacto negativo, ya que ha crecido acostumbrado al contacto y olor de una persona muy especial todos los días de su vida. En estas circunstancias, es esencial que transfiera todo su cariño a otra persona. Los niños necesitan la mayor seguridad y monotonía posibles, por lo que agobiarlos con una serie de nuevos cuidadores puede resultar, en el mejor de los casos, poco efectivo y, en el peor, puede provocar serios problemas en el futuro.

Una vez que el niño sea capaz de comunicarse bien verbalmente, debes hablarle de la muerte de manera sincera y realista. Utilizar explicaciones vagas como «da abuelita está durmiendo» puede parecerte en ese momento la opción más fácil tanto para ti como para tu hijo, pero en realidad sólo consigues confundirle. Y lo que es peor, puede ser el causante de un auténtico problema como que el niño no sea capaz de dormir porque tiene miedo: «si la abuelita no se va a despertar, ¿me despertaré yo?». No es extraño que los adultos intenten disfrazar la cuestión de esta manera; puede ser el resultado de un temor personal ante la muerte o de una necesidad protectora de no compartir noticias o experiencias dolorosas con el niño. Sea cual sea el motivo, debes evitar este impulso. La muerte, al igual que otras muchas circunstancias dolorosas, es una parte integrante de la vida humana. Es tarea de los adultos preparar a los niños para las experiencias dolorosas al igual que para las agradables, que puedan contar contigo durante los altibajos que sufrirán en la vida y no sólo intentar protegerlos de las cosas malas.

La muerte es un tema muy común en los libros infantiles, lo que los convierte en un buen punto de partida para iniciar una charla sencilla sobre este asunto. Las noticias acerca de la muerte de un personaje conocido pueden servir como puente para tratar un asunto difícil. En los programas familiares de televisión a veces hablan sobre el tema de la muerte, lo que los convierte en una herramienta muy útil ya que también abordan las reacciones de niños de diversas edades. Sea cual sea el medio que utilices (un libro, las noticias o el programa de televisión), el haber abordado este complicado tema marcará una notable diferencia cuando más ayuda necesites.

Cuando le hables a un niño acerca de la muerte, utiliza un lenguaje sencillo que él pueda comprender fácilmente. Dedica a ello todo el tiempo que sea necesario: siéntate para hablar con él y responde a todas las preguntas que le surjan. Los niños más pequeños pueden realizar una misma pregunta una y otra vez; ten paciencia y respóndele. En muchas ocasiones, sobre todo si el niño no ha tenido ninguna experiencia anterior con la muerte, ni siquiera sabrá qué pregunta puede hacerte. Busca una explicación de lo que le ha ocurrido a la persona que ha fallecido. Sin duda, si tienes unas determinadas creencias religiosas te serán de gran ayuda durante la conversación. Si no tienes una idea muy definida de qué hay después de la vida, procura centrarte en el hecho de que aunque el cuerpo de esa persona ya no esté entre nosotros, siempre permanecerá en nuestros recuerdos y en nuestro corazón. Procura no utilizar metáforas atemorizadoras ni incluyas demasiada información: una descripción detallada de una cremación o de un embalsamamiento es mucho más de lo que un niño puede o debe saber.

Permitir que el niño participe en el proceso de duelo

Los rituales asociados con la muerte (asistir a un entierro, a un velatorio o a una misa de funeral) constituyen una forma de empezar a aceptar una pérdida, además de servir para recordar la vida de la persona fallecida. Al igual que en el caso de otros aspectos del desarrollo, la capacidad de afrontar un suceso de este tipo varía de un niño a otro. Permítele al niño que participe todo lo que quiera. El velatorio de su abuelo puede constituir para un niño un motivo alegre y reconfortante si en él descubre el amor que esa persona inspiraba en sus familiares y amigos. Pero a ese mismo niño ver a su abuelito dentro de un ataúd abierto puede resultarle aterrorizador y confuso. Escucha atentamente al niño y así sabrás qué le gusta, qué le asusta y qué está haciendo sólo por complacerte. De nuevo, recuerda que no existe una «forma perfecta» de sufrir, ni para un adulto ni para un niño. Algunos niños pequeños quieren participar en todo el proceso y esto es beneficioso para ellos; otros necesitan más tiempo para afrontarlo y es mejor que no participen. Pase lo que pase, no obligues a tu hijo a hacer algo que claramente le entristece. Las cicatrices pueden quedarle de por vida.

El niño necesita saber que él tiene el mismo derecho a formar parte del proceso de duelo que cualquier otro miembro de la familia. Permitirle participar en la medida que desee resulta muy beneficioso no sólo para él sino para toda la familia. También es importante hacerle ver (esto es aplicable tanto a ti como a él) que la tristeza provocada por la pérdida de alguien importante nunca desaparecerá del todo. Explícale que no hay un tiempo establecido para superar la tristeza y que cada persona vive esta experiencia de una manera.

Qué debemos aprender:

- Aborda el tema de la muerte de manera premeditada. No esperes a que ocurra una tragedia para hablar de él.

- Ten en cuenta que la capacidad para asumir la muerte está directamente relacionada con la edad del niño y su nivel de desarrollo.

- Escucha con paciencia las preguntas de tus hijos acerca de la muerte y respóndelas de la forma más sincera y sencilla posible.

- Permite que el niño participe en el proceso de duelo en la medida que desee. Nunca le obligues a implicarse si ello le produce tristeza o inquietud.

2

Dinámica de una segunda familia básica

Según los datos del *Census Bureau* de los Estados Unidos, más de la mitad de los matrimonios terminan en divorcio y el 75 por ciento de las personas divorciadas se casan de nuevo; un 63 por ciento de estos matrimonios en segundas nupcias poseen hijos de sus relaciones anteriores y un 60 por ciento de ellos terminan también en divorcio.

Hoy en día existen unos treinta y cinco millones de familias formadas a partir de matrimonios en segundas nupcias en los Estados Unidos. Todos los días se forman más de trescientas familias de este tipo y uno de cada tres americanos pertenece a una de ellas. Además de los típicos aspectos de atracción y compromiso, los adultos que han pasado por una separación difícil a menudo buscan en su nueva relación un remedio o, al menos, un alivio para las heridas provocadas por una pérdida o un divorcio. Sueñan con una nueva gran familia feliz que les haga olvidar la tristeza, el sufrimiento y los sinsabores del pasado.

Por su lado, los hijos implicados en este tipo de situaciones alimentan sus propias fantasías, principalmente la de que sus padres vuelvan a estar juntos y la vida sea de color de rosa de nuevo. Un niño puede albergar este deseo incluso después de haber vivido un divorcio difícil, durante el cual él mismo ha expresado la idea de que sus padres están mejor separados. Cuando se han producido malos tratos, algunos niños se sienten aliviados con el divorcio, pero otros siguen deseando que su familia permanezca unida incluso después de haber sufrido abusos físicos, sexuales o emocionales. Los niños tienen una increíble capacidad para perdonar, por lo que cuando sus padres se separan, aunque sólo sea por incompatibilidad de caracteres, siempre alimentan la esperanza de que las cosas vuelvan a la normalidad y la familia se una de nuevo.

Además de mantener la esperanza de que sus padres se reconcilien, los niños también pueden acostumbrarse a ser el principal centro de atención mientras están con uno de sus progenitores. Inician una nueva rutina y comparten nuevas costumbres con sus padres, y los niños por naturaleza tienden a ser muy protectores con esta nueva relación negociada. Cierto tiempo después de haberse iniciado la nueva rutina, el progenitor se sentirá seguro y con confianza en sí mismo, preparado para embarcarse en otra relación que puede llegar a alcanzar un alto grado de compromiso. Por su parte, los niños también se sienten de nuevo felices y seguros y es probable que no quieran que una nueva persona entre en escena y trastorne sus vidas. Los adultos deben tener muy en cuenta este factor a la hora de formar una nueva familia. Es necesario buscar la forma de que las relaciones entre los miembros de la nueva familia creada se entablen de manera progresiva, sin forzar la situación, ya que esto podría conllevar serios problemas más adelante.

Por desgracia, no existen unas palabras mágicas que puedan convencer a un niño de que el amor que su padre o madre siente por otra persona no significa en modo alguno que ya no le quiera a él. Tampoco la nueva pareja del progenitor puede convencer al niño mediante palabras, por más que le asegure que no pretende restarle cariño o convertirse en su nuevo padre o madre. Unir a un grupo de personas es una ardua tarea, un proceso que debe desarrollarse despacio y con la seguridad de que surgirán numerosos problemas y malentendidos.

La persona que asume el papel de nuevo padre es claramente el intruso. En el caso de un matrimonio con hijos por ambas partes, se encontrarán con el problema añadido de que cada uno de ellos será considerado como un intruso por los hijos del otro cónyuge. Aunque la perspectiva no es muy halagüeña, la verdad es que, al menos durante un tiempo, el «intruso» se convierte en la diana perfecta de los sentimientos negativos y mal comportamiento del niño, y en la persona ideal para culparle de todas sus desgracias y malas experiencias.

David y Allison

El síndrome de la malvada madrastra

David era un padre divorciado con cuatro hijas. Aunque su ex-mujer, Kathryn, tenía la custodia de las niñas, el padre podía visitarlas cada dos fines de semana. David tenía una novia desde hacía tiempo, Allison, que a su vez tenía dos hijas, con la que las niñas se llevaban muy bien. Pero todo cambió cuando David y Allison decidieron irse a vivir juntos con las hijas de esta última. A partir de ese momento, las hijas de David vieron a Allison como la reencarnación del mismo demonio, a pesar de que ella no había hecho si no intentar que la consideraran una buena amiga.

Además de ignorar a Allison, las hijas de David hicieron todo lo posible (y a veces incluso lo consiguieron) por volver a su madre, Kathryn, contra Allison contándole información distorsionada y manipulada. Dado que Kathryn aún estaba algo resentida contra David, no fue difícil convencerla de que Allison maltrataba a las niñas. Como consecuencia de esta manipulación, comenzaron a adquirir un cierto poder de control tanto en casa de su madre como de su padre. Kathryn llegó a la conclusión de que tenía que rescatar a sus hijas de esta situación tan dañina para ellas y esto, añadido a un prolongado sentimiento de culpabilidad por el divorcio, la llevó a permitirles salirse con la suya. Comenzó a darles segundas oportunidades en lugar de aplicarles un castigo inmediato cuando se portaban mal. Aunque durante un tiempo las niñas disfrutaron con esta situación en la que no hacían si no medir sus fuerzas, al final les acarreó graves consecuencias. El hecho de no sufrir un castigo por su mal comportamiento acabó por desestabilizar sus vidas. Perdieron su capacidad de previsión y con ella, su seguridad emocional. Como resultado, su mal comportamiento fue en aumento hasta el punto de requerir tratamiento profesional.

Durante las sesiones de terapia, varias cosas salieron a la luz. Las niñas querían mantener un cierto grado de posesión sobre su padre. Estaban muy resentidas por el hecho de que ya no podían ver a David a diario y las hijas de Allison sí. Además, estaban enfadadas porque estas últimas también estaban presentes cuando visitaban a su padre los fines de semana y tenían que compartirle el poco tiempo que pasaban juntos.

El tratamiento se enfocó hacia aspectos emocionales y prácticos. En lo referente a los sentimientos, la terapia las ayudó a darse cuenta de que los sentimientos de su padre hacia ellas no habían cambiado. La terapia constituyó un escenario seguro en el que podían hablar con los adultos que formaban parte de sus vidas y así expresarles sus sentimientos y desarrollar un mayor grado de confianza. Por lo que se refiere a la parte práctica, David organizó las visitas de sus hijas de manera que coincidieran con los fines de semana en que las hijas de Allison también estaban en casa para que así pudieran conocerse mejor unas a otras y realizar actividades juntas, dada la escasa diferencia de edad entre ellas.

Pero desafortunadamente este intento no salió bien porque las hijas de David lo último que deseaban era que les restaran tiempo de estar con su padre. Cuando las hijas de Allison empezaron a pasar esos fines de semana con su propio padre, la relación entre David y sus hijas mejoró notablemente y también lo hizo con el tiempo la de éstas con Allison.

Qué debemos aprender de la experiencia de David y Allison:

- *Ten en cuenta que la convivencia no es fácil.* El hecho de que David y Allison decidieran vivir juntos supuso para las hijas de éste que Allison dejó de ser simplemente una persona en la vida de su padre para convertirse en alguien que las reemplazó en su corazón.

- *No pierdas el control.* La raíz del problema estribaba en el hecho de que David y su ex mujer, Kathryn, se mostraron condescendientes con sus hijas a causa de su propio sentimiento de culpabilidad y furia. Ser indulgente con un niño puede resultar satisfactorio al principio y puede conllevar la recompensa de ser el progenitor favorito por un tiempo, pero a la larga la falta de reglas y de un orden establecido es simplemente destructivo.

- *No intentes forzar las relaciones.* David quería que las niñas se llevaran bien, pero no tuvo en cuenta que necesitaban tiempo y espacio para conseguirlo por ellas mismas. No des por sentado que sabes qué hará que tus hijos se sientan felices y satisfechos: habla con ellos.

- *Cuando las cosas se te escapen de las manos, busca una parte neutral.* En este ejemplo, las niñas consiguieron manipular tanto los hechos como los sentimientos de los adultos. El terapeuta logró encauzar la situación creando un foro en el que lo importante no era tomar partido por uno o por otro progenitor sino mejorar la relación. Una vez aclaradas las ideas que eran erróneas, los padres pudieron tomar el control de la situación y sólo entonces mejoró considerablemente la relación entre padres e hijas.

Larry y Kendra

Una cautelosa pareja que evitó los enfrentamientos

Cuando Larry y Kendra se conocieron, ambos eran divorciados y tenían un hijo pequeño respectivamente. El divorcio de Larry fue extremadamente difícil, repleto de ira y grandes peleas por cosas insignificantes. Como resultado, era consciente de la posibilidad de que surgieran más problemas con su ex mujer y actuó de forma muy cautelosa y meditada. Por el contrario, el divorcio de Kendra se produjo de mutuo acuerdo y de forma civilizada, por lo que ella inició el proceso de formación de su nueva familia con una actitud positiva y abierta.

Por razones muy diferentes, tanto Kendra como Larry se esforzaban por mantener una comunicación clara y sincera con sus anteriores parejas en lo referente al tema de su nuevo matrimonio. Además, las dos partes implicaron a sus hijos de seis y siete años respectivamente en sus planes de boda. Les plantearon este nuevo matrimonio como una oportunidad de compartir sus vidas con otro adulto cariñoso e hicieron hincapié en que los nuevos padres no reemplazarían en ningún caso a sus verdaderos progenitores. Les explicaron a los niños la diferencia entre su nueva familia y su familia biológica para tranquilizarlos, lo que también apaciguó cualquier temor que pudieran sentir sus anteriores cónyuges. Esto contribuyó a allanar el camino para el proceso de creación de la nueva familia. Aunque no habían planeado de antemano asistir a una terapia, Larry y Kendra comenzaron a visitar periódicamente a un consejero familiar que les ayudó a encontrar diversas soluciones a situaciones difíciles y a dar validez a las decisiones que tomaron.

Además se produjo otro resultado inesperado a raíz de la cautelosa actuación de Larry y Kendra. Poco después de su boda, la ex mujer de Larry les comunicó que tenía una nueva relación; logró superar su resentimiento y aplicar a su propia relación el mismo respeto con el que Larry y Kendra formaron su nueva familia.

Qué debemos aprender de Larry y Kendra:

- *Supera el pasado*. Si quieres tener un futuro sólido, debes olvidar el pasado. Alguien tiene que iniciar el proceso de ser positivo. Larry consiguió que una situación que podría haber sido muy difícil resultara positiva gracias a su esfuerzo por evitar un enfrentamiento y no quedarse anclado en el pasado.

- *Respeta a tu ex*. Puedes evitar que se produzcan situaciones muy desagradables de odio y competencia si te esfuerzas por conseguir que tanto los niños como sus verdaderos padres comprendan que el nuevo cónyuge no pretende asumir el papel de mamá o papá.

- *Sirve de ejemplo.* Si tu vida continúa, dejas abierta la puerta para que tu ex continúe con la suya. Una actitud respetuosa y positiva puede ser tan contagiosa como una negativa o despectiva.

Cuando termina el proceso inicial de formación de una nueva familia, comienza la costosa tarea de conseguir que todos vivan juntos en paz y armonía.

Establecer las normas de la nueva familia

Tras el periodo inicial «de adaptación», la nueva familia recién creada sufre un proceso de reestructuración, lo que implica el establecimiento de unas normas, un plan de actuación y un estilo de comunicación para la nueva unidad familiar. En el caso de los niños que viven en dos ámbitos familiares, esto significa que deben compaginar regularmente dos ambientes diferentes, con normas y expectativas distintas. Es inevitable que existan diferencias entre la forma de educar de ambos progenitores, incluso cuando los padres biológicos coinciden en aspectos básicos sobre la educación de sus hijos como a qué hora deben llegar a casa, con qué edad pueden empezar a salir, qué notas son aceptables, etc. Así por ejemplo, puede que a un padre no le importe que su hijo deje la bicicleta en medio del salón, pero en casa de su madre esto puede costarle una buena regañina. Si agregamos a los nuevos cónyuges a esta ecuación, se hace evidente la necesidad de buscar y establecer entre todos unas normas básicas en el hogar.

El establecimiento de unas normas para el buen funcionamiento de una nueva familia implica un largo proceso de negociación. El primer paso atañe a la nueva pareja, que debe determinar claramente qué permitirá y qué no en su propio hogar. Después, los dos deben asegurarse de que nada de lo que hayan decidido esté opuestamente reñido con las normas establecidas por sus anteriores parejas. Por ejemplo, si uno de los padres se opone enérgicamente a que su hijo se suba a un coche con un adolescente que se acaba de sacar el carné de conducir, el otro progenitor debe respetar esta decisión y tampoco permitirle a su hijo que lo haga durante el tiempo que pase con él. En el caso de cuestiones menos importantes, como si el niño puede usar pantalones vaqueros para ir al colegio o si debe estar en la cama a las 10 o a las 11, cada progenitor puede tomar su propia decisión mientras el niño esté en su casa y la otra parte debe respetarlo.

Una vez que los padres hayan establecido qué asuntos no son negociables, deben hablar con los hijos para crear así una sólida base de comunicación en la nueva unidad familiar. Algunos de los asuntos que pueden negociarse son el horario para hacer las tareas, el uso de la televisión y la computadora y el reparto y la asignación de las tareas domésticas. Debes escuchar todas las opiniones. Crea una dinámica familiar en la que exista un punto de referencia por el que todos puedan guiar su comportamiento, si bien esta dinámica no debe ser, lógicamente, rígida. Se producirán errores y desavenencias que harán necesario efectuar una serie de cambios y, a medida que crezcan los hijos, habrá que realizar algunos ajustes. Sin embargo, esta dinámica te permitirá al menos mantener una sólida base a partir de la cual puede comenzar la discusión. Si no existe una buena comunicación, el resultado puede ser desastroso.

Hobart y Beth

Guerras territoriales entre hermanastras

El matrimonio de Hobart y Beth era el segundo para ambos y los dos tenían dos hijas respectivamente de edades muy parecidas. Estaban muy ilusionados y confiaban en el éxito de su nueva unión, convencidos de que las niñas se llevarían bien.

Las dos familias tenían el mismo acuerdo de custodia: las niñas vivían con sus madres pero pasaban muchos fines de semana y vacaciones con sus padres. Hobart se trasladó a casa de Beth y sus dos hijas, que vivían en la casa familiar que ésta compartió con su exesposo y que obtuvo en el proceso de divorcio. Las hijas de Hobart les visitaban regularmente y el nuevo matrimonio afrontó la situación de la manera que consideró más positiva, con la confianza de que seguramente las niñas compartirían los mismos intereses, tendrían inquietudes parecidas en el colegio, etc. Pero, lamentablemente, sólo se plantearon la situación de manera superficial y no se dieron cuenta de los serios problemas y las tensiones que estaban surgiendo en su hogar.

La causa principal de las tensiones existentes entre las hermanastras no era más que una cuestión territorial. Las hijas de Hobart tenían sus propias habitaciones en casa de su madre, pero en casa de Beth tenían que compartir el cuarto con las hijas de ésta. Ninguna de las cuatro niñas estaba conforme con compartir la habitación. Las hijas de Beth lo consideraban como una intromisión y las de Hobart se sentían rechazadas. Como resultado, se producían constantes acusaciones por parte de unas y de otras sobre objetos que habían desaparecido o estaban rotos y quejas sobre cómo unas hermanas molestaban a las otras. La situación fue empeorando al no existir una buena comunicación entre ellas; además, las niñas cada vez se sentían más enfadadas y pensaban que no se las tenía en cuenta. Se volvieron extremadamente territorialistas con sus amigos y otros miembros de la familia y lo que prometía ser una buena relación entre hermanastras se convirtió en una cuestión de rivalidad absoluta. Aún así, los padres no supieron detectar y afrontar esta situación a tiempo, hasta que un día la hija mayor de Beth y la menor de Hobart llegaron a las manos y como consecuencia una de ellas acabó en urgencias con un dedo roto. Tras una charla con la familia, un asistente social del hospital les recomendó que asistieran a terapia. Finalmente, Hobart y Beth se concienciaron de la gravedad de la situación y de la necesidad de buscar ayuda profesional.

En primer lugar, participaron en unas sesiones con un terapeuta especializado en relaciones entre hermanos. Después de probar con varias combinaciones de los miembros de la familia, llegaron a un acuerdo para compartir habitación que, si bien no les hacía felices del todo, al menos evitaba que se produjeran nuevas agresiones. A continuación, las niñas comenzaron a trabajar con su propio terapeuta y Hobart y Beth siguieron asistiendo a sus sesiones, a las que a veces también hubieron de acudir sus respectivos ex. El hecho de que los cuatro padres biológicos estuvieran dispuestos a cooperar supuso una gran ayuda, ya que contribuyó a mejorar la comunicación entre los adultos implicados, con lo que las niñas recibían un mensaje más coherente.

Como consecuencia de las sesiones, las hijas de Hobart incluso estuvieron dispuestas a invitar a las de Beth a pasar algún tiempo con ellas en su propia casa. Así, las hijas de Beth tuvieron la oportunidad de saber qué se siente siendo «el intruso» y las hijas de Hobart aprendieron lo que significaba tener que compartir su habitación y sus cosas. Como resultado, comenzaron a comunicarse entre ellas con sinceridad, hablando no sólo de cuestiones relacionadas con su intimidad y objetos personales, sino también de lo que sentían acerca de que sus respectivos padres biológicos pasaran mucho tiempo con las otras niñas. De hecho, una vez establecidas las normas y los límites, el terapeuta y los padres pudieron retirarse y fueron las propias niñas por sí solas las que desarrollaron y armonizaron la relación entre ellas.

Qué debemos aprender de la experiencia de Hobart y Beth:

- *Sé cauto en tus expectativas*. Hobart y Beth comenzaron su vida en común con unas expectativas absolutamente irreales sobre cómo irían las cosas. Ser realista ya es lo suficientemente difícil como para encima tener que sobreponerse al fracaso de una elaborada fantasía.

- *Que ignores el problema no hará que éste desaparezca*. Beth y Hobart se mantenían aferrados a su idea de cómo deberían haber ido las cosas, lo que les impidió darse cuenta de cuál era la situación real.

- *Los niños tienen las mismas necesidades que los adultos.* Si Beth y Hobart se hubieran parado a pensar cómo se sentirían ellos si se hubieran visto obligados de repente a compartir su espacio vital con otros adultos a los que casi no conocían, hubieran podido pensar en cómo afectaría esta misma situación a sus hijas y hubieran iniciado el diálogo mucho antes de lo que lo hicieron.

- *Busca ayuda profesional.* En el caso de Hobart y Beth, una herida producida por una agresión hizo necesaria la intervención de un asistente social. No debería haber sido necesario tener que ir a urgencias para darse cuenta de que las cosas se les habían escapado de las manos.

- *Procura que tu ex coopere en la medida de lo posible.* Aunque algunos ex utilizan los problemas existentes en los nuevos hogares como excusa para intentar alejar a sus hijos de su anterior pareja, en la mayoría de los casos no es así. Casi todos los padres quieren lo mejor para sus hijos y son capaces de superar las diferencias existentes entre ellos y cooperar para alcanzar la mejor solución posible.

- *Deja que los niños lo hagan a su modo.* Una vez que los límites están claramente definidos y la situación alcanza el suficiente grado de estabilidad, los niños tienen una gran capacidad para comunicarse entre ellos. Llegados a un determinado punto, cuando no exista ningún riesgo, los adultos deben permitir, sin inmiscuirse, que sean los propios niños los que firmen la paz, una real y no una impuesta.

Bart y Suzanne

Cómo afrontar positivamente la creación de una nueva familia

Con el debido tiempo y planificación, las cosas pueden salir bien desde el principio. Puede que a primera vista parezca que la historia de

Bart y Suzanne no es aplicable al caso de la mayor parte de la gente, debido a la cantidad de tiempo y a los recursos económicos con que contaba esta pareja y que la mayoría no posee. Sin embargo, como sabe todo el que suele leer las noticias de cotilleos, tener dinero no garantiza en absoluto el poder disfrutar de una vida familiar fácil o agradable. Muchas de las decisiones que tomaron Bart y Suzanne se pueden aplicar a la situación de cualquier otra persona, aunque sea a menor escala económica.

Cuando Bart y Suzanne se conocieron, ella era una mujer divorciada con dos hijos, un chico de ocho años y una chica de diez; él era viudo y tenía dos hijos adolescentes, un hijo de dieciséis y una hija de diecisiete. En el acuerdo de divorcio, Suzzane recibió el hogar familiar, una casa de clase media en las afueras de la ciudad. Tanto ella como sus hijos estaban muy integrados en su comunidad, participaban en las actividades del colegio y de la parroquia y veían con mucha frecuencia a los miembros de la familia materna, sobre todo a los primos, que también vivían en esa zona. Por su parte, Bart y sus hijos vivían en un apartamento de tres dormitorios en el centro de una gran ciudad y estaban acostumbrados a ir al teatro, a visitar museos y al bullicio de la ciudad.

Cuando decidieron casarse, los hijos de Suzanne tenían mucho aprecio a Bart, pero ella no conocía demasiado bien a los hijos de éste. Por otra parte, y debido a la diferencia de edad, los contactos que se habían producido entre los futuros hermanastros habían sido cordiales, sin las típicas luchas de poder que se producen cuando los niños son de edades parecidas.

Ambos decidieron que tras la boda Suzanne y sus hijos se trasladarían al apartamento en la ciudad para que Bart pudiera seguir viviendo cerca de su oficina. Además, los dos pensaron que los hijos de Suzanne se adaptarían mejor al cambio de casa que los dos adolescentes, que estaban en sus últimos años de colegio. Aún así, fueron conscientes de que el cambio de vida no sería fácil para los hijos de Suzanne, que debían separarse de su entorno conocido y de sus familiares y adaptarse a la vida en la ciudad.

Suzanne y Bart se esforzaron porque la transición se produjera de la mejor manera posible y para ello buscaron la ayuda profesional de un terapeuta que les aconsejara de manera objetiva la mejor forma de realizar el cambio. Afortunadamente, las dos familias apoyaron la nueva relación, especialmente los hijos de Bart, que estaban a punto de empezar una nueva etapa de sus vidas en la universidad y estaban encantados con la idea de que su padre hubiera encontrado a otra persona. Además, a los dos les gustaba mucho Suzanne y sus hijos, por lo que para ellos las ventajas de tener hermanastros superaban a los inconvenientes.

Con muy buen juicio, Bart y Suzanne prestaron mucha atención al asunto del espacio vital. El apartamento sólo tenía tres habitaciones, lo que suponía que los chicos tendrían que compartir cuarto. Para la hija de Suzanne hicieron un pequeño estudio en una de las habitaciones; la hija de Bart conservaría el dormitorio que durante mucho tiempo fue su único refugio en una casa donde los hombres eran mayoría.

Los dos chicos, que utilizaban sus habitaciones solamente para dormir y almacenar ropa sucia, compartirían el dormitorio del hijo de Bart. Para que hubiera más espacio libre, reemplazaron los muebles que había por estanterías y muebles más funcionales. Aunque Bart y Suzanne siempre tenían la última palabra, escucharon todo lo que los niños quisieron decir a este respecto. Una vez que tomaron todas las decisiones acerca de «lo que había que hacer», empezaron a pensar «cómo hacerlo».

De nuevo con el asesoramiento de un terapeuta, a medida que se acercaba la fecha de la boda Suzanne y sus hijos comenzaron a pasar más tiempo en el apartamento para acostumbrarse a la vida en la ciudad. Los niños pronto encontraron ventajas a su nuevo hogar. El niño estaba emocionado con la idea de poder asistir a los partidos de la liga de *baseball* y la niña se hizo amiga de otra vecina del edificio y se apuntó a clases de baile con ella. El portero del edificio también colaboró con algún que otro caramelo.

Con el tiempo, los hijos de Suzanne comenzaron a llevarse al apartamento algunos de sus juguetes y fotografías. La hija de Suzanne, que heredó de su abuela su amor por la jardinería, construyó un pequeño invernadero con plantas del jardín de su casa y lo colocó en el balcón de su nuevo hogar en el piso diecisiete. Las visitas de los familiares de Suzanne, que los animaban y apoyaban, también contribuyeron al buen desarrollo del proceso de adaptación. Esta transición gradual supuso una magnífica recompensa: incluso antes de mudarse definitivamente, los hijos de Suzanne se referían al apartamento como «nuestra casa».

En otro esfuerzo más por lograr la unidad familiar, Suzanne compró una pequeña propiedad cerca del mar para pasar las vacaciones con el dinero que obtuvo por la venta de su casa en las afueras de la ciudad. La nueva familia creada tenía así un lugar al que realmente podían llamar su casa, con el atractivo especial además de disponer de un pequeño jardín que reemplazó al que habían perdido los hijos de Suzanne al abandonar su casa.

Aunque tu economía personal no te permita tener un gran apartamento o una casa en la playa, la historia de Bart y Suzanne ofrece varios aspectos positivos que debemos aprender:

- *Adopta una actitud activa.* Gracias al hecho de que fueron realistas y se anticiparon a las posibles dificultades que podían surgir, consultando a un profesional para intentar evitarlas, Bart y Suzanne consiguieron que no se crearan tensiones entre sus hijos, que seguramente hubieran surgido si hubiesen intentado acelerar el proceso.

- *Respeta el derecho de tu hijo a la intimidad y el espacio.* En lugar de amontonar a los niños de cualquier manera, Bart y Suzanne buscaron la mejor, si no perfecta, solución para todos. En el caso de la hija más pequeña de Suzanne, convertir el pequeño estudio en una habitación para ella le permitió disponer de la intimidad que necesitaba.

Con tal de tener una habitación propia, los niños no se quejan de si es pequeña o no.

- *Ten paciencia. Se trata de un proceso gradual.* Aunque no puedas permitirte el lujo de mantener dos casas durante mucho tiempo, busca otras alternativas para no forzar la situación. Quizá puedas dividir una de las habitaciones en dos, aunque queden muy pequeñas, o construir un pequeño campamento en el patio o jardín para que los niños pasen su tiempo libre en un territorio neutral. También es buena idea que tu hijo traslade su ropa poco a poco al nuevo hogar en lugar de hacerlo todo de una vez.

- *En el momento oportuno, realiza en la casa los cambios que sean necesarios para reflejar la presencia de una nueva unidad familiar.* Compra un columpio y móntalo con tus hijos, arregla el jardín con ellos, pinta de otro color el salón…, lo que sea con tal de conseguir que la casa refleje que en ella vive una nueva familia.

A la hora de plantearse cómo pueden armonizarse de la mejor forma posible dos unidades familiares distintas, siempre surge la pregunta de en qué momento debe involucrarse a los hijos. La respuesta más adecuada es nunca antes de estar seguro de haber alcanzado un grado de compromiso lo suficientemente estable como pareja de adultos. Lo último que tus hijos necesitan es pasar por otra experiencia de relación fallida, lo que les haría sentirse aún más abandonados y rechazados.

Lealtades divididas

No debes olvidar que, cuando existen problemas entre los adultos, los niños implicados se debaten entre el problema de guardar lealtad a su padre o a su madre. Cuando se produce un divorcio, los niños sufren primeramente un trauma de lealtades divididas entre sus padres biológicos; cuando uno de los dos progenitores inicia una nueva relación de pareja, esta cuestión se agrava aún más. Uno de los principales problemas que pueden surgir atañe al progenitor que ha sido «abandonado», que con frecuencia expresa sentimientos negativos hacia la nueva pareja de su ex, aunque no lo haga en voz alta delante de su hijo. Esto hace que el niño piense que si acepta a la nueva pareja de su padre o madre, estará traicionando a su otro progenitor y éste ya no le querrá como antes. Este tipo de situación suele empeorar cuando a uno de los padres le van mejor las cosas que al otro. La reacción normal de un niño es sentir lástima por el padre que se ha quedado solo y resentimiento hacia el que ha encontrado una nueva pareja. Por desgracia, es frecuente que el progenitor que no tiene pareja tienda a fomentar la idea de «pobre de mí», lo cual no hace sino aumentar el estrés que sufre el niño.

Por lo general, los hijos de un primer matrimonio tienen problemas para integrarse en la familia formada a raíz del nuevo matrimonio de uno de sus progenitores. Esto es especialmente cierto en el caso de que existan de antemano problemas emocionales o de comportamiento. En muchos casos, el niño piensa que es rechazado y quiere que los demás sepan claramente cómo se siente. Como resultado, el progenitor que tiene una nueva pareja experimenta un gran sentimiento de culpabilidad. El niño puede intentar manipular la nueva relación utilizando la táctica «yo estaba aquí primero» para captar la atención de su padre o madre, con frecuencia con la esperanza de conseguir que sus padres se reconcilien de nuevo.

Andrew

El papel de los padrastros

Andrew era un chaval de seis años cuyos padres estaban divorciados como consecuencia de los malos tratos infringidos por su padre. El matrimonio de sus padres duró muy poco tiempo y tras el divorcio Andrew prácticamente no tuvo contacto con su padre. Cuando tenía dos años, su madre se volvió a casar con un hombre que se portaba muy bien con él. Un cierto día, el padre biológico de Andrew decidió purgar su culpa y comenzó a involucrarse de nuevo en la vida de su hijo. Además, se casó con otra mujer que tenía dos hijos de corta edad de una relación anterior. Esta reaparición de la figura paterna en su vida, unida a la nueva familia de éste, produjo una ambivalencia considerable en los sentimientos de Andrew con respecto a su seguridad emocional y a la estabilidad de su relación con su padre.

Lamentablemente, Andrew sufrió una serie de dificultades emocionales que se reflejaron negativamente en su comportamiento. Esto produjo una profunda preocupación en su madre y en su padrastro, en cuya relación comenzaron a surgir muchas tensiones. Parece ser que algunos de los problemas de Andrew (su comportamiento impulsivo e hiperactivo) tenían una causa biológica, ya que su padre tenía un historial de antecedentes parecidos.

Los dos padres biológicos eran conscientes de la situación: era muy difícil controlar a Andrew y su comportamiento era malo tanto cuando estaba con su padre como con su madre, pero a pesar de saber que existía el problema, había muchos elementos de discordia entre ellos. La madrastra de Andrew no entendía por qué su marido tenía que pasar algún tiempo a solas con él cada vez que los visitaba y dejó muy claro que le molestaba profundamente que Andrew la llamara «mamá». La verdad es que, aunque esto haga que el adulto se sienta incómodo, el hecho de que un niño pequeño se refiera a una persona adulta de esta manera es un comportamiento muy frecuente que no tiene la mayor importancia. A menudo sólo los mayores lo consideran un problema.

La terapia familiar sirvió para que el padrastro y la madrastra comprendieran mejor la importancia del papel que desarrollaban en la vida de Andrew. Se les hizo ver la relación directa entre el comportamiento de Andrew y el tipo de relación que mantenían con él. Desarrollaron una serie de estrategias que sirvieron para mejorar la relación con el niño y para controlar sus propios comportamientos y estados emocionales. El padrastro de Andrew llegó a la conclusión de que la entrada en la escena familiar del padre biológico de Andrew le produjo un sentimiento de rechazo que fue el causante de su cambio de actitud hacia Andrew, lo que a su vez provocó que el niño se sintiera rechazado. Por su parte, la madre biológica de Andrew logró comprender los problemas de su marido y le ayudó a mejorar su relación con el niño. Este proceso contribuyó a amortiguar el sentimiento de rechazo que sufría Andrew.

Por otra parte, Andrew se sentía descontento por el hecho de tener que compartir la nueva relación con su padre con sus dos nuevos hermanastros. El padre biológico del niño comprendió que Andrew se sentía desplazado por la presencia de estos otros niños en su vida y, en consecuencia, organizó las visitas de los fines de semana de manera que pudieran pasar más tiempo los dos solos haciendo algo especial, aunque no dejó de organizar algunas actividades que pudieran realizar los tres niños juntos. De esta forma, la relación de Andrew con todos los miembros de la familia comenzó a afianzarse y a mejorar.

Qué debemos aprender de la experiencia de Andrew:

- *Es necesario establecer una comunicación.* Todos los adultos involucrados en el proceso deben hablar entre ellos sobre la situación y tener en cuenta el hecho de que los niños quizá no se «adapten» tan rápido como las personas mayores desearían que lo hicieran.

- *Ten en cuenta el papel que representan los padres biológicos.* No debes olvidar la gran importancia del papel que desempeña cada uno de los padres biológicos (aunque uno esté ausente) en la vida del niño.

- *No olvides la importancia que tiene la relación padre biológico-hijo.* Fomentar una buena relación entre ambos es de gran importancia, si bien esto no significa que no deba cuidarse también la relación entre el niño y sus padrastros o hermanastros.

- *Fomenta una relación positiva.* Es posible, y además preferible, que los niños disfruten de una buena relación con todas las figuras paternas y maternas de su vida.

Los adolescentes y la nueva familia

Cuando se aborda el tema de la situación de los niños en una nueva familia, debe prestarse una atención especial al caso de los adolescentes, ya que éstos no reaccionan bien ante las alteraciones que afectan a sus vidas. Atraviesan una etapa de enormes cambios y tienen una gran tendencia a ser extremadamente egoístas. Aunque el adolescente lucha por alcanzar su individualidad separándose y rebelándose contra el vínculo y la autoridad de sus padres, quiere que el refugio que le inspira seguridad (es decir, mamá y papá) permanezca estable. De hecho, siempre necesita algo contra lo que rebelarse. Además, los adolescentes quieren ejercer un control sobre todo y la ruptura de sus padres no es algo que puedan controlar; como resultado, sufren un estado de furia y/o depresión. Con frecuencia, se ponen del lado de uno de sus padres o culpan de lo ocurrido a uno de ellos o a los dos o incluso, a veces, a sí mismos. Los adolescentes, además, en estas situaciones también se plantean cuestiones de tipo práctico como «¿tendremos que cambiar de casa?», «¿cómo nos las arreglaremos?», «¿por qué me hacen esto?» o «¿qué le has hecho a mi padre/madre para que se vaya?». El progenitor que obtenga la custodia del adolescente tendrá que soportar sus reproches, aunque también puede ocurrir que éste se ponga de su parte y dirija toda su ira contra el progenitor que ha abandonado el hogar. Sea cual sea la actitud del adolescente, es tarea del progenitor a su cargo adoptar una postura objetiva, sin alentar ni un comportamiento ni otro, y ayudarle a comprender que no debe culpar a ninguno de los dos ni que tampoco tiene que elegir uno de ellos.

Cuando se trata de analizar cuestiones relacionadas con la lealtad y la competencia entre los dos padres, es importante que te pongas en el lugar de tu hijo y trates de imaginar la confusión que siente ante aspectos tan cotidianos como a quién debe escuchar y qué o quién debe tener prioridad en su vida. Las nuevas parejas que se encuentren en esta situación deben planificar una detallada estrategia que defina el papel que desempeñarán en la vida del adolescente, así como determinar unos límites de disciplina. Una forma de lograrlo es simplemente sentarse a charlar con él sobre su nueva familia; debes establecer un modelo claro de autoridad y procurar que tu hijo entienda que ahora todos sus padres forman un equipo y cada uno de ellos desempeña un importante papel en el buen funcionamiento de la familia.

Ten en cuenta también que la adolescencia supone una profundización en las relaciones con los demás que antes no existía. Esto es especialmente aplicable a las relaciones con personas del otro sexo. Cuando se separan dos personas que constituyen un modelo de este tipo de relaciones para el niño, pueden plantteársele una serie de preguntas muy confusas: «si la gente deja de quererse, ¿se termina la relación entre ellos?», «¿no se supone que la gente debe resolver sus diferencias?», «los enfados y las peleas ¿siempre llevan al final de una relación?». Si el adolescente se siente sobrepasado por este conflicto interior, normalmente se encierra en sí mismo, a veces en su cuarto, a veces en casa de un amigo o amiga. Pero lo que le ayuda a tranquilizarse también puede causarle un mayor desasosiego: puede llegar a preguntarse por qué los padres de su amigo son capaces de seguir juntos y los suyos no. Los padres deben olvidarse temporalmente de sus propios problemas para ocuparse de lo que le está ocurriendo a su vulnerable hijo adolescente. Hay que buscar la forma de que exprese sus sentimientos, ya sea dando un paseo por un lugar que le inspire tranquilidad o charlando con alguna otra persona. Ten presente que tanto «representar un papel» como encerrarse en sí mismo no es más que un grito de socorro.

En algunas ocasiones, los adolescentes adoptan un mal comportamiento con el objetivo de colocarse en primera línea de atención. Para ellos, cualquier tipo de atención que se les preste es insuficiente. En estas circunstancias, es

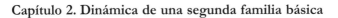

fundamental que adoptes un punto de vista objetivo, sin quitarle importancia al mal comportamiento ni al hecho de que serás juzgado como padre. Es conveniente pedir ayuda a una persona que no forme parte de la familia y que pueda estabilizar la situación y tranquilizar al vulnerable adolescente.

Es frecuente que el nuevo padrastro o madrastra que entra en escena, sobre todo en el caso de aquellos que no tienen hijos propios, idealice lo que puede conseguir en su nueva unidad familiar. Es difícil imaginar un conflicto mayor que el que se produce entre un bienintencionado, aunque desorientado, padrastro de este tipo y un adolescente que, debido a su edad, está comprobando los límites de la rebeldía, individualidad y desafío a la autoridad. Además, tras el divorcio, el adolescente se enfrenta a un gran sentimiento de lealtad tanto hacia sus padres biológicos como hacia su anterior estilo de vida.

Ally y Carol

«Como un elefante en una cacharrería»

Carol era la tercera esposa de Harry. Ally, la hija adolescente de Harry, vivía con él como consecuencia de los continuos problemas con su incompetente madre. Carol, que no tenía hijos propios, afrontó la situación con la seguridad del novato de que lo haría bien. Con la esperanza de crear un ambiente familiar perfecto, decidió que ella y su marido debían establecer unos límites claros y definidos, pero la actitud de Harry como padre era tan relajada como nula su capacidad para hacerse cargo de la situación. Lógicamente, pronto comenzaron a surgir tensiones en el seno familiar.

Ally comenzó a portarse mal, cansada de la actitud «yo sé cómo tratar a esta chica» de Carol. Al final, tuvieron que consultar el caso con una terapeuta, que ayudó a Ally de dos maneras. Por una parte, sirvió a Ally como apoyo y aliada durante el difícil periodo de adaptación que atravesaba. La terapeuta escuchó lo que Ally quiso contarle acerca de los típicos conflictos de adolescente que sufría y sobre las dificultades que experimentaba para adaptarse al nuevo matrimonio de su padre. Ally tenía problemas para aceptar que la recién llegada no era solamente la mujer de su padre, sino que además insistía en ser también una madre para ella.

Al mismo tiempo, la terapeuta ayudó a la nueva pareja a considerar la situación de forma realista. Analizaron el nuevo sistema familiar que habían creado y cómo estaba afectando a la adolescente, que ya tenía problemas incluso antes de entrar a formar parte de esta nueva unidad familiar. La recién casada y madre novata aprendió muchas cosas acerca de los adolescentes y su desarrollo, y también comprendió que existen muchas formas de resolver un problema y que, en esta ocasión, «hacerse cargo de la situación» no era la mejor opción posible. Con el tiempo, Ally y Carol lograron entablar una relación de auténtica confianza, con una buena comunicación entre ellas que se instauró como parte integrante del ambiente familiar.

Qué debemos aprender de Ally y Carol:

- *Ve despacio*. Es fundamental que dediques un tiempo a la observación y análisis de cualquier nueva situación en la que te encuentres. Si te resulta difícil aplicar este aspecto a lo referente a la vida familiar, trata de imaginar lo que esto supone en el ámbito laboral. Casi todos hemos pasado por la experiencia de tener un nuevo compañero de trabajo que ha llegado como un elefante a una cacharrería, dispuesto a cambiarlo todo y asumiendo una familiaridad con sus compañeros que no le correspondía. ¿Cómo reaccionaste ante la actitud de esa persona? La reacción más común es la de sentirse incómodo, ofendido y con un fuerte deseo de menospreciarla e ignorarla. Ahora traslada esta situación a tu hogar; es evidente que cualquier persona se sentiría molesto ante este comportamiento, independientemente de si se es un adolescente al que le acaban de imponer un nuevo padre o madre. Esto no significa que debas dejarte convencer fácilmente o incluso permitas que tu hijo te pierda el respeto o comprometa los límites que tú mismo has establecido. Simplemente significa que no puedes entrar en un sitio e imponer tu voluntad porque sí. Ya había gente que vivía allí antes de que tú llegarás y que, si persistes en tu actitud, seguirán estando allí cuando te hayas ido.

- *Trabaja en colaboración con tu cónyuge.* Los padres, ya sean biológicos o no, deben hacer un frente común consistente si desean mantener la unidad familiar. Si no lo hacen así, los hijos encontrarán una forma perfecta de dividir y ganar, y como consecuencia se verá resentida la relación de los padres entre sí (además de la relación padre/hijo).

George

Un padre que por fin encontró a la pareja perfecta

George estuvo casado en tres ocasiones y tuvo tres hijos de su tercer matrimonio, dos de los cuales (Jeff de doce años de edad y Mark, de nueve) vivían con él. Susan, su hija de seis años, vivía con su madre en otra parte del país. Los hijos de George tuvieron que seguir una terapia porque la ruptura del matrimonio se produjo de forma repentina e inesperada. La mujer de George dejó a su familia para comenzar una nueva relación con un antiguo novio del instituto.

Si bien durante el primer año los niños vivieron con su madre, después ella decidió que volvieran con su padre y que la niña permaneciera con ella. Obviamente, esto hizo que los chicos se sintieran rechazados y abandonados. Aunque George no siempre había demostrado ser una persona sensata, al menos en lo referente a su relación con las mujeres, en seguida se dio cuenta de que sus hijos necesitaban ayuda. Los dos niños eran personas abiertas, inteligentes y capaces de encauzar la ira y confusión que sentían por la separación de sus padres.

En las sesiones de terapia, George encontró a una nueva compañera, Martha, que a su vez tenía dos hijos. Los hijos de George sentían un gran afecto por ella y, aunque aún sufrían por el aparente abandono de su madre y la separación de su hermana, consiguieron alcanzar una estabilidad emocional gracias al amor y apoyo de su padre. Además, Martha, que era muy distinta de su madre, les aportó un nuevo elemento de apoyo y seguridad que recibieron de buen grado.

Qué debemos aprender de la situación de George:

- *Adelántate a las circunstancias.* George no esperó a que sus hijos tuvieran problemas: fue consciente inmediatamente de que la acción de su madre les afectaría y buscó en seguida la ayuda profesional necesaria para ayudarles a superarlo.

- *No puedes controlar las acciones de tu ex, sino sólo las tuyas propias.* George podría haber empeorado la situación si hubiera menospreciado a su exmujer o hubiera intentado que se comportara de manera más adecuada o considerada con sus hijos. En lugar de ello, centró todos sus esfuerzos en ayudar a sus hijos, lo que era mucho más beneficioso para ellos.

- *Incluso en las situaciones más difíciles, los niños pueden ser felices si se les da todo el amor y apoyo posibles.* Los niños tienen un instinto natural para sobrevivir. Si se les proporciona un entorno seguro y repleto de cariño, con un poco de tiempo, paciencia y comprensión pueden llegar a superar prácticamente cualquier situación.

Aunque es responsabilidad de los padres hacerse cargo de sus hijos, esto no quita que en alguna ocasión pueda verse el mundo a través de los ojos de un niño. El hecho de ofrecerle comprensión y respeto te permitirá disfrutar de una vida familiar extraordinaria repleta de recuerdos y recompensas.

En este capítulo hemos analizado los distintos aspectos que pueden influir en la situación de una segunda familia de cualquier tipo. En el siguiente, estudiaremos unas características concretas que surgen como consecuencia de diferencias raciales, religiosas o culturales.

3

Diferencias raciales, culturales o religiosas

En la formación de una nueva familia entre cuyos miembros existen diferencias de raza, cultura y/o religión intervienen una serie de problemas añadidos: la desaprobación de los familiares y amigos, la falta de aceptación por parte de la sociedad y, entre los dos nuevos compañeros, algunas grandes diferencias en lo referente a las experiencias vividas respectivamente, que ambos deben discutir de forma sincera con el fin de poder superarlas.

La nueva familia interracial

En nuestros días, el número de matrimonios interraciales aumenta progresivamente en los Estados Unidos. El *Census Bureau* de este país ha calculado que la tendencia actual en lo referente a la celebración de matrimonios entre personas de diferentes etnias seguirá en aumento, de manera que a mediados del siglo veintiuno el 50 por ciento de la población de los Estados Unidos será de descendencia racial mixta.

Si bien en algunas partes del país aún llama la atención ver por la calle a una pareja formada por personas de diferentes razas, para saber qué nos deparará el futuro basta con detenerse ante las puertas de un colegio de Los Ángeles y esperar a que salgan los niños. Pueden encontrarse representadas todas las razas y credos, ya sea de forma individual o en combinación, y los niños ni siquiera se plantean el interés que su aspecto hubiera suscitado tan sólo hace una o dos décadas.

La mezcla étnica siempre ha formado parte de la sociedad de los Estados Unidos; de hecho, este país es el «crisol» del mundo. En este lugar de encuentro, el estereotipo más difícil de superar es seguramente el relativo a las diferentes razas. Lamentablemente, el racismo (ya sea en su forma más sutil o en la más agresiva) aún forma parte de la vida de los norteamericanos, lo que puede constituir un problema para cualquier pareja que pretenda formar una familia interracial. Pero, afortunadamente, también este tipo de problemas tienen solución.

Gene y Sandra
«A pesar de todos, seguiremos adelante»

Gene y Sandra eran dos divorciados que se conocieron en su lugar de trabajo. Gene trabajaba como director de ventas y era un afroamericano de cuarenta y tres años con una hija de trece. No tenía la custodia de su hija, pero ambos pasaban mucho tiempo juntos y mantenían una relación muy estrecha. Tras el divorcio, el trato entre Gene y su exmujer era relativamente afable y ésta se había vuelto a casar con un nigeriano. Sandra, directora de la oficina, tenía treinta y tres años cuando inició su relación con Gene; era descendiente de escandinavos y tenía dos hijos, de cinco y siete años respectivamente, fruto de un matrimonio en el que se produjeron malos tratos. Como consecuencia, los niños no mantenían relación alguna con su padre.

Cuando Gene y Sandra comenzaron a salir juntos, no encontraron prácticamente ninguna oposición. La exmujer de Gene conocía a Sandra de la oficina y aprobaba la relación entre ambos; lo mismo ocurría con la hija de Gene, con la que Sandra nunca intentó asumir el papel de madre.

Sin embargo, cuando Gene y Sandra decidieron casarse, los padres de ambos se opusieron al matrimonio. Los padres de Gene, que habían tenido que compaginar hasta dos y tres puestos de trabajo para poder enviarle a la universidad, estaban horrorizados; estaban convencidos de que estaba «tirando su vida por la ventana». Aunque afirmaban no tener nada personal contra Sandra, pensaban que la pareja se estaba buscando muchos más problemas de los que cualquiera podría soportar. Le recordaron a Gene los problemas que tuvieron que superar las parejas interraciales que conocían y le hicieron ver que la oposición a este tipo de relaciones era tan fuerte entre la comunidad negra como entre la blanca. El padre de Gene le comunicó su especial preocupación por su nieta, que seguramente acabaría por tener hermanos de raza mixta que «no sabrían cuál sería su lugar en la sociedad».

La familia de Sandra tuvo una reacción mucho más tajante: ella tendría que elegir. O bien decidía casarse con un hombre negro o bien continuaba teniendo relación con su familia, pero las dos cosas no.

Como consecuencia de todos estos inconvenientes, Gene y Sandra pidieron ayuda a un terapeuta, sobre todo en lo concerniente al impacto negativo que las reacciones de sus familias tendrían sobre sus hijos. Comenzaron a plantearse si no estaban manteniendo una actitud muy egoísta al empeñarse en seguir adelante con su relación y se preguntaron si la reacción de sus familiares sería una constante de lo que encontrarían a lo largo de su vida en común. Durante las primeras sesiones de terapia, quedó claro que estaban realmente enamorados y convencidos de querer pasar sus vidas juntos. Adoptaron la firme postura de darle prioridad a su relación y, a pesar de ser conscientes de que surgirían muchas dificultades, estaban convencidos de que el amor y la entrega que sentían el uno por el otro no harían más que bien a sus hijos.

Durante este proceso, el hermano de Sandra, Roy (que había adoptado una actitud menos radical que sus padres y pasaba algún tiempo con la pareja) empezó a tener un punto de vista más positivo de la relación y decidió comunicárselo a su familia: «Sandra está mucho mejor con Gene que con ese hombre blanco que la maltrataba». En lugar de provocar un mayor enfrentamiento, la acción de Roy tuvo un efecto muy positivo y Gene y Sandra comenzaron a retomar gradualmente el contacto con las dos familias.

Todos los familiares más inmediatos asistieron al enlace y compartieron su mutua preocupación porque «la vida en común de la pareja sería muy dura».

Gene y Sandra lograron su objetivo porque se enfrentaron juntos y de forma metódica al mundo y a los prejuicios de los demás, insistiendo en que se les tratara fundamental y primeramente como individuos. Sus familias no hubieran adoptado esta actitud hostil si les hubieran presentado una nueva pareja de su misma raza, pero Gene y Sandra no permitieron que esto les separara. Por el contrario, afrontaron juntos la oposición que encontraron y esta fuerte unión les permitió crear una sólida base que con el tiempo les llevó a engendrar sus propios hijos. Para Gene y Sandra, el objetivo de su relación era solamente expresar el amor y compromiso que sentían el uno por el otro; no pretendían pertenecer a ningún grupo de apoyo interracial ni involucrarse políticamente para conseguir que la sociedad aceptara este tipo de decisión. Simplemente querían disfrutar de la oportunidad de estar juntos y vivir sus vidas, y así lo hicieron.

Qué debemos aprender de Gene y Sandra:

- *Debes estar dispuesto a analizar tu relación.* En lugar de menospreciar la opinión de sus familias y adoptar de mutuo acuerdo una postura del tipo «tú y yo contra el resto del mundo» que hubiera acabado por ser destructiva, Gene y Sandra se plantearon algunos interrogantes difíciles de asumir. Como resultado de la confianza que demostraron en su relación, que estaba siendo puesta a prueba, pudieron tener la certeza total de que era una relación sólida, lo que tuvo un valor incalculable en el futuro.

- *Ofrece otros puntos de vista.* Cuando la familia de Sandra se enfrentó al hecho de que ser blanco no bastó para que su primer marido fuera bueno con ella, comenzaron a plantearse la posibilidad de que un marido negro quizá no sería tan malo. Aceptaron la realidad de las experiencias vividas por Sandra (los golpes propiciados por un marido blanco habían sido mucho más destructivos que cualquier prejuicio al que debiera enfrentarse con un marido negro que la amaba y apoyaba) y esto les permitió analizar la situación desde otro punto de vista y reconsiderar la rigidez de su postura inicial.

● *Ten en cuenta las diferencias generacionales.* Tanto los padres de Gene como los de Sandra pertenecían a una época en que los matrimonios interraciales no sólo debían enfrentarse a mayores dificultades que hoy en día, sino que además también peligraba la integridad física de la pareja. En última instancia, esta diferencia generacional común en ambas familias propició la unión de los padres, que sentían preocupaciones parecidas por sus hijos. El hecho de reconocer las diferencias y similitudes de cada raza puede servir de ayuda para dividir en categorías los conflictos familiares inherentes a toda relación interracial y poder afrontarlos.

● *Haz lo que creas más conveniente.* Para algunas parejas es muy positivo compartir con los demás los problemas y las satisfacciones de su relación, ya sea interracial o no. Para otras, las cuestiones de familia son algo más personal y privado. No existe una forma «correcta» de hacer las cosas en un mundo a veces hostil, pero una actuación conjunta (con el compromiso de mantenerse unidos independientemente de la reacción de los demás) constituye la base de una relación sólida y satisfactoria.

Problemas por cuestión de raza y cultura

En algunas ocasiones, las parejas interraciales rompen su relación como consecuencia de diferencias culturales inherentes a sus propias razas, sin que influyan las presiones sociales por el diferente color de su piel. La predisposición a actuar según un determinado comportamiento no siempre se produce de forma constante, ni siquiera consciente; la herencia de nuestra identidad cultural se hace evidente desde muy corta edad. A lo largo de la historia, siempre han existido muchos problemas a la hora de compaginar cuestiones relacionadas con diferentes razas y religiones; esto ha suscitado más problemas que las cuestiones culturales, ya que antiguamente la mayoría de inmigrantes compartía una misma tradición cultural europea. Hoy en día esto ya no ocurre, puesto que los inmigrantes que llegan a este país pertenecen a una mayor diversidad de culturas. Por lo tanto, es importante dejar de lado presunciones basadas en viejos estereotipos y considerar la tradición cultural como una causa potencial de conflicto, quizá incluso más que el aspecto racial o religioso. Éste era el caso del matrimonio formado por Raimundo y Carla.

Raimundo y Carla

Grandes diferencias culturales que rompieron un matrimonio

Raimundo, de procedencia hispana, y Carla, de origen anglosajón, contrajeron matrimonio (el primero para ambos) tras un breve noviazgo. Dado que ninguno de los dos tenía experiencia previa de lo que supone la vida en pareja ni había expresado su deseo de tener hijos, la pareja dio por sentado que su relación no supondría ninguna dificultad significativa ni para ellos ni para sus familias.

Aunque ninguna de las dos familias planteó grandes objeciones, las cosas no les fueron bien desde el principio a Raimundo y Carla. Los problemas entre ellos iban más allá de la diferencia de raza y cultura: había mala comunicación entre ellos, tenían pocos objetivos en común y eran poco compatibles. Sin embargo, la principal causa de los problemas de la pareja tenía su origen en las diferencias culturales entre ellos. Raimundo, que había crecido alimentándose con la excelente comida casera que le preparaba su madre, pensaba que Carla debía aprender a cocinar para él. Acostumbrado a un ambiente familiar tradicional dominado por el sexo masculino, se quejaba de que su esposa era «demasiado mandona» y no le guardaba el debido respeto. Cuanto más tiempo pasaba Carla con los familiares y amigos de su marido, más evidente era que existía un auténtico abismo cultural y étnico entre ellos (en el ambiente de Raimundo se esperaba que la mujer tratase al hombre, como cabeza de familia, con una deferencia especial). Carla, que había crecido en una familia con una estructura completamente diferente, esperaba tener una relación en condiciones de igualdad y se rebelaba de forma natural contra la dominación de Raimundo.

A medida que pasó el tiempo, otras diferencias culturales contribuyeron también a dividir a la pareja. En el ambiente de Raimundo, las personas estaban acostumbradas a expresar sin tapujos y con total libertad sus sentimientos y opiniones, pero en el mundo de Carla procuraban evitar los enfrentamientos. Cuando Carla «se cerraba en banda» y se negaba a hablar, sin por supuesto demostrar ningún tipo de respuesta emocional, Raimundo se enfadaba notablemente. Él consideraba que de esta forma era imposible hablar de cualquier asunto para poder aclarar las cosas entre ellos; como consecuencia, se enfurecía y, cuanto mayor era su enfado, más se encerraba Carla en sí misma.

Por lo que respecta a Carla, se sentía abrumada ante las demostraciones de ira de Raimundo y su insistencia por continuar con la relación. Aunque admitía que la forma en que su marido expresaba sus sentimientos era válida en su relación con sus familiares más inmediatos, ella no estaba dispuesta a participar en ese tipo de peleas.

Durante las sesiones de terapia, quedó claro que ninguna de las dos partes estaba dispuesta a adaptarse a la otra y que no habían dedicado el tiempo suficiente a analizar las grandes diferencias culturales existentes entre ellos y la posible influencia de las mismas en el día a día de su vida en común. Incapaces de llegar a un término medio, finalmente se divorciaron.

Qué debemos aprender de Carla y Raimundo:

- *«El casar y descasar, despacio se han de pensar»*. Carla y Raimundo constituyen un buen ejemplo de este viejo dicho que trasciende las barreras raciales y culturales. Practicar el sexo es muy agradable, tu pareja es adorable y tú eres el invitado de honor, pero por desgracia cuando los demás invitados se marchan a sus casas y terminas de enviar las notas de agradecimiento, te quedas a solas con la realidad del día a día de una relación. Por más que se medite detenidamente y se realice un gran esfuerzo para que salga bien, contraer matrimonio es una decisión muy importante. Si esta circunstancia no se tiene en cuenta, el matrimonio está condenado al fracaso e, incluso aunque no acabe en divorcio, puede suponer muchos años de sufrimiento innecesario.

- *Lo importante no es sólo lo que se dice, sino cómo se dice.* Cuando las diferencias en las formas de expresarse son tan profundas como en el caso de Carla y Raimundo, puede llegarse a lo que se conoce como punto muerto. Cada uno de ellos estaba tan ofuscado por la forma en que el otro trataba de resolver los problemas existentes entre ellos, que los problemas en sí pasaron a un segundo término.

- *Comprender y respetar las diferencias no es suficiente.* Aunque era una forma de comunicarse muy diferente de la de su propia familia, Carla pudo comprender el tipo de relación satisfactoria que mantenían entre sí los miembros de la familia de Raimundo, pero ello no se tradujo en un cambio de su actitud porque no deseaba cambiar su forma de relacionarse con los demás.

- *Preocúpate por conocer a la familia de tu pareja.* El futuro de tu relación no tiene por qué ser igual que el de tu familia, pero puede ser que ése sea tu destino. Aunque tu pareja no pretenda que vuestro matrimonio sea igual que el de sus padres, con toda seguridad seguirá su ejemplo en algunos aspectos. En el caso de Raimundo, la estructura familiar dominada por el «macho» en la que había vivido le gustaba claramente y, de hecho, esperaba que su relación fuera exactamente igual. Al tomar de forma precipitada la decisión de casarse, la pareja no tuvo en cuenta lo que esto supondría para ellos a la larga y, como consecuencia, finalmente tomaron caminos por separado.

Una misma raza, diferente trasfondo cultural

El mero hecho de tener un mismo color de piel, ya sea blanco, negro o amarillo, no garantiza que las expectativas y experiencias culturales de la pareja sean las mismas. El caso de Martin y Kelsey es un buen ejemplo de ello.

Martin y Kelsey

Dos personas iguales en apariencia, pero totalmente diferentes

Cuando Martin y Kelsey iniciaron su relación, las similitudes que había entre ellos parecían presagiar una feliz unión. Los dos habían estado casados anteriormente y ambos tenían la custodia de sus dos hijos adolescentes fruto de estas relaciones. Los niños se fueron conociendo poco a poco y se llevaban bien, por lo que entre ellos no existían los típicos problemas de falta de confianza entre hermanastros que hemos analizado en capítulos anteriores. De hecho, si no hubiera sido por las importantes diferencias entre Martín y Kelsey (que no eran evidentes a simple vista) en la forma de educar a sus hijos y en las expectativas que tenía cada uno, seguramente los chicos hubieran podido vivir juntos sin mayores problemas.

Para comprender qué salió mal en la vida de esta pareja, es necesario conocer sus antecedentes. Martin procedía de una familia de inmigrantes irlandeses. Cuando su padre volvía a casa después de la jornada laboral, le entregaba a su madre el salario del día; de esta forma, él daba por cumplido su papel como padre de familia. Aparte de realizar «las tareas propias del hombre», como cuidar el jardín o reparar los desperfectos de la casa, el padre de Martin no mostró nunca ningún interés por la vida familiar ni tampoco contribuyó a la educación de sus hijos, a excepción de imponerles un castigo a medida que se iban haciendo mayores y, por tanto, aumentaba la importancia de sus malos comportamientos. Aunque ni Martin ni ninguno de sus hermanos se metieron nunca en serios problemas, siempre tenían omnipresente la amenaza de «verás cuando tu padre llegue a casa». La actitud del padre de Martin hacia sus hijos no podía tacharse de crueldad ni de dejadez, simplemente creía que la tarea de cuidar a los hijos pertenecía a su esposa, y él cumplía su parte siempre y cuando pagara todas las facturas. La madre de Martin aceptaba esta forma de organizarse y ella sola cuidaba de sus seis hijos. Los padres de Martin también habían crecido en sendas familias del mismo modo y, por tanto, ninguno se cuestionaba esta rígida estructura familiar.

Martin conoció a su primera mujer, Mary, mientras estudiaba en Irlanda. Mary pertenecía a una familia del medio rural irlandés cuya organización familiar era idéntica a la de los padres de Martin. Antes de casarse, los dos tenían las mismas expectativas de lo que sería su vida en común: ella sería la encargada de cuidar de los hijos y de la casa.

Sin embargo, la relación de la pareja cambió cuando regresaron a los Estados Unidos para casarse y tener hijos. Por cuestiones económicas, Mary tuvo que trabajar a media jornada. Al principio, mantuvo la estructura familiar tradicional, pero con el tiempo comenzó a sentirse desencantada: pensaba que era injusto que los dos trabajaran fuera de casa y además ella hubiera de asumir la carga de tener que cocinar, actuar como chófer y organizar la casa. Aún así, Martin seguía reivindicando el statu quo; desmerecía el trabajo de su mujer porque trabajaba menos horas que él y además era menos agotador físicamente que su trabajo en la construcción. Se negó a ayudar en las tareas domésticas o a contratar una asistenta. Cuando Mary intentó delegar algunas labores del hogar en sus dos hijos, Martin se opuso alegando que los hombres nunca hacían ese tipo de cosas en su familia. Se enfadó mucho y la acusó de intentar convertir a sus hijos en señoritas. Como era de esperar, pronto llegó el divorcio y los dos chicos se marcharon a vivir con su padre, que contrató rápidamente a una asistenta que se encargara de llevar la casa.

La historia de Kelsey era muy diferente. Su madre se quedó viuda con cinco hijos cuando el menor tenía tres años. Como consecuencia, tuvo que trabajar a media jornada y ser completamente independiente: aprendió a hacer ella misma todas las reparaciones del hogar y enseñó tanto a sus hijos como a sus hijas a colaborar y a hacer todo lo que fuera necesario en la casa. Tras la muerte de su esposo, tuvo que cambiar su mentalidad sobre la división de tareas en función del sexo y se convirtió en una firme defensora de la idea de que tanto los chicos como las chicas debían saber coser un botón o hacerse su propia comida. La edad, la forma física y la capacidad intelectual de cada uno, y no su sexo, determinaban qué labor debía desempeñar en el hogar familiar.

Kelsey seguramente se sintió atraída por su primer marido por su deseo y capacidad de liberarla de las muchas cargas diarias que había soportado desde muy temprana edad. Lamentablemente, hasta varios años después, cuando ya tenía dos hijos, Kelsey no fue consciente del todo de que la actuación de su marido no concordaba en absoluto con sus palabras. Durante los años de vida en común, contrajo una enorme deuda e inició una relación con otra mujer. En el confuso proceso de divorcio, que contribuyó a arruinar aún más la economía familiar, Kelsey obtuvo la custodia de sus hijos; su marido prácticamente desapareció del mapa dejándola, al igual que antes le ocurriera a su madre, sola con los chicos. En esta situación, Kelsey decidió emplear todos sus recursos en continuar su vida sola en lugar de emplear más tiempo y dinero en intentar que el padre de sus hijos asumiera su responsabilidad económica y emocional para con ellos.

Martin y Kelsey se conocieron en estas etapas de sus vidas. A diferencia de Carla y Raimundo, esta pareja no ignoró las diferencias que existían entre sus antecedentes y expectativas, pero lo que sí hicieron fue ponerse una venda en los ojos que les impidió ver la realidad.

Martin y Kelsey analizaron mutuamente sus experiencias anteriores y llegaron a la conclusión de que estaban hechos el uno para el otro. Martin era la persona adecuada para ella porque era responsable en lo que se refiere a la economía y no la dejaría llena de deudas. Kelsey podía hacer feliz a Martin porque había demostrado su capacidad para «hacerlo todo» al criar sola a sus hijos. Según su esquema mental, hacían una pareja perfecta: Martin ya no tendría que pagar a una asistenta y Kelsey podía dejar de preocuparse por el agujero sin fondo de su economía y por el césped sin cortar de su jardín. Parecía la solución ideal.

Por desgracia, el demonio (como casi siempre) estaba presente en los pequeños detalles. Una vez terminada la etapa de su luna de miel, Kelsey no dudó en pedirle a uno de los hijos de Martin, el primero que llegaba a casa todos los días, que descongelara la cena en el microondas o que hiciera alguna que otra tarea aparentemente poco masculina. Como consecuencia, comenzaron a producirse una serie de disputas entre la pareja y los demás miembros de la familia acerca de cómo debían repartirse las tareas domésticas de forma justa y razonable. Martin y Kelsey, dos buenas personas que realmente se querían y que ya habían pasado por la experiencia de sentir un cierto grado de culpabilidad por el fracaso de sus primeros matrimonios, tomaron la decisión de asistir a terapia.

Durante las sesiones, Kelsey hizo su primera revelación al afirmar que se había dado cuenta de que en realidad se había casado con el padre de Martin. Por su parte, Martin se mostró realmente sorprendido porque no entendía que Kelsey no estuviera agradecida por la ayuda que le estaban prestando: él creía que le estaba haciendo la vida mucho más fácil a su mujer. Ninguno de los dos comprendía por qué sus hijos, que desde el principio se habían llevado muy bien, ahora se sentían divididos por la lealtad hacia sus respectivos padres biológicos y cada vez se mostraban más descontentos y adoptaban una actitud negativa.

Tras analizar detenidamente la situación, la pareja comenzó a comprender cuándo, a pesar del esfuerzo que habían realizado, empezaron a ir mal las cosas y por qué todo se desarrolló tan deprisa. Cada uno por su parte tenía unas capacidades como único progenitor que al otro le parecían perfectas, pero en combinación (aunque en apariencia pareciera una buena solución) no hicieron sino poner en evidencia unas expectativas completamente diferentes. Además, se dieron cuenta de que, a pesar de haber hablado francamente de las cuestiones que podrían suscitar problemas, la verdad es que sólo habían tenido en cuenta algunas de ellas y únicamente de la manera más optimista y positiva posible.

Después de tres meses de terapia, la pareja acordó una serie de expectativas que realmente podían cumplir. También hicieron que sus hijos participaran en las sesiones de terapia, lo que les ayudó a sentirse como parte del proceso y a comprender las nuevas normas de su hogar. Los chicos, que en un principio se llevaban bien, se adaptaron rápidamente a la nueva estructura familiar, a lo que contribuyó el hecho de que sus padres establecieron unos límites definidos, se apoyaron el uno al otro y aprendieron a mostrarse como una pareja enamorada y madura ante sus hijos.

Qué debemos aprender de Kelsey y Martin:

- *Los que ignoran la historia están condenados a repetirla.* Al igual que hicieron en sus primeros matrimonios, Kelsey y Martin iniciaron esta segunda relación con una visión del tipo «blanco o negro» de cómo serían las cosas y, de nuevo, tuvieron problemas para asumir las numerosas zonas grises que configuran una relación. La vida nunca es fácil y crearse unas expectativas rígidas de cómo será la vida diaria no es más que una forma de garantizar el fracaso.

- *Habla francamente de lo que piensas sobre el papel del hombre y la mujer.* En la actualidad, es fácil suponer que los días de «la mujer en la cocina y el hombre en el jardín» están ya pasados de moda, pero muchos de nosotros albergamos de forma subconsciente la fantasía de mantener una relación tradicional. Seguro que todos hemos oído alguna vez la historia de una mujer que se casó con un guapo artista sin dinero para poco después sentirse defraudada porque éste no se convirtió en un artista de éxito. Los papeles tradicionales del hombre y la mujer no tienen por qué ser negativos, siempre y cuando ambas partes estén de acuerdo en desempeñarlos. Si este papel va en contra de tus principios, tarde o temprano tu forma de ver la vida saldrá a la luz, por lo general de forma hostil.

- *Los niños siguen el ejemplo de sus padres.* Aunque en este caso los niños se gustaban mutuamente, la lealtad que sentían hacia sus padres era la fuerza motriz de su comportamiento (como casi siempre ocurre). Si te sientes descontento o inseguro acerca de tu relación, puedes tener la certeza de que tus hijos sentirán lo mismo y esta incertidumbre hará que adopten un comportamiento negativo y rebelde.

- *Si quieres… puedes hacer que salga bien.* Si procuras ser transigente y comprensivo con las fuerzas que dirigen tu comportamiento, puedes hacer que las cosas cambien, siempre y cuando las dos partes de la relación actúen de mutuo acuerdo. La clave está en realizar un esfuerzo conjunto; con sólo desearlo no conseguirás que las cosas salgan bien.

Diferencias religiosas

Las diferencias religiosas pueden dividirse en dos clases: personas que profesan religiones diferentes y personas que siguen tendencias distintas de una misma fe (como es el caso de los ortodoxos y los reformistas en la fe judía). Aunque mucha gente considera que profesar una misma fe es un componente esencial del matrimonio, ya sea en primera o en segundas nupcias, lo cierto es que cada vez más personas contraen matrimonio independientemente de sus creencias teológicas. En algunos casos, uno de los integrantes de la pareja se convierte a la religión del otro; en otros casos, se llega a un acuerdo para respetar las tradiciones de ambos componentes de la pareja. En estos casos, la llegada de los hijos puede convertir lo que antes era un acuerdo amistoso en un periodo de agrias discusiones.

Algunas parejas que no comparten las mismas creencias deciden que sus hijos sean educados según la fe de uno de ellos. En otras ocasiones, los padres imponen a sus hijos los sistemas de creencias de ambos; aunque ésta parece la decisión más democrática, puede hacer que el niño se sienta confuso acerca de cuáles deben ser sus creencias fundamentales o qué papel debe desempeñar la religión en su vida. Para evitar este tipo de problemas, algunas parejas deciden iniciar la práctica de una nueva religión neutral en la que educar a su recién formada familia.

Sin lugar a dudas, existen numerosos puntos de vista acerca del tema de la religión que podrían ser sometidos a debate por tiempo ilimitado. Además de las parejas que profesan una fe, también existen infinidad de familias que no siguen ninguna tradición religiosa o bien han abandonado la fe en la que fueron educados. En este apartado analizaremos las cuestiones que surgen con mayor frecuencia entre personas de distinta fe que contraen matrimonio.

No hay nada que levante mayores pasiones que los asuntos relacionados con la religión. Algunas personas de cierta edad con hijos mayores han tenido serios problemas con su descendencia cuando se han casado de nuevo con otra persona con una inclinación religiosa diferente a la suya propia, incluso aunque sus hijos no fueran practicantes activos. La fe es una cuestión estrechamente ligada a la identidad familiar y aquellos que no tienen en consideración este aspecto pueden verse sorprendidos por las desavenencias que puede provocar. Aunque la pareja y sus objetivos comunes deben estar siempre en primer lugar, el hecho de tener en cuenta los sentimientos de los demás miembros de la familia y tratarlos con respeto contribuirá en gran medida a que el proceso de transición se realice de la forma más fluida y satisfactoria posible.

Mark y Julie

El compromiso matrimonial implica también un compromiso con la religión

Cuando Mark y Julie se conocieron, él había pasado por un divorcio muy difícil; su primera mujer estaba diagnosticada como maniaca depresiva (un desorden psiquiátrico que hace que el carácter del paciente pase de la euforia a la desesperación) y, como consecuencia, había tenido que ser hospitalizada en varias ocasiones y no estaba capacitada para cuidar de Jessica, la hija de seis años que ambos tenían en común. Afortunadamente, Mark era un buen padre que se encargaba de cuidar a la niña y que hacía las veces de padre y madre mientras duró el matrimonio y después del divorcio. Tanto Mark como su primera esposa eran judíos practicantes; por su parte, Julie era católica no practicante.

Mark y Julie contrajeron matrimonio. Aunque ella no se convirtió al judaísmo, la pareja educó a su nuevo hijo, Benjamin, en la fe judía. Mientras tanto, los padres biológicos de la pequeña Jessica compartían la custodia de la niña y, por lo general, ésta se adaptaba bien a los cambios de casa en sus periodos de visita.

Mark comprendía muy bien los problemas de su exmujer; aunque la terapia y medicación habían mejorado su estado, a veces su comportamiento seguía siendo imprevisible. Jessica aceptó muy bien a Julie como madrastra, lo que provocó un cierto resentimiento por parte de su madre biológica, que se vio acrecentado por el hecho de que Julie era católica, sobre lo que la madre de Jessica hacía comentarios negativos con frecuencia. Esto disgustaba a Jessica, que sentía mucho aprecio por Julie. Como resultado, surgieron tensiones entre Mark y Julie.

La situación empeoró cuando la madre de Jessica decidió mudarse a otro lugar y, además, apuntó a la niña a un curso diario de religión en el colegio. Según su madre biológica, el catolicismo de Julie estaba influyendo excesivamente en Jessica y, por tanto, necesitaba una mayor preparación religiosa. Para empeorar aún más las cosas, ella confiaba en que el padre de Jessica pagara el colegio; la economía de Mark, que tenía que mantener a su nueva familia además de pasarle una pensión a su exmujer por la niña, no era muy boyante y esto hizo que se acrecentaran los problemas entre Julie y él.

De mutuo acuerdo, Mark y Julie buscaron ayuda profesional. Como resultado de la terapia, Julie, que ya no se sentía comprometida con su fe, tomó la decisión de convertirse al judaísmo, lo que mejoró notablemente la relación de Julie y la madre de Jessica. Julie realizó satisfactoriamente su transición religiosa gracias al objetivo principal que se marcó para su cambio de fe: salvar su relación con Mark y el amor que sentía hacia Benjamin y Jessica. Además, cada vez se sentía más cercana a la religión judía y esto, unido al hecho de que no practicaba el catolicismo, la impulsó a tomar la decisión de adoptar la fe más conveniente para ella.

Qué debemos aprender de Julie y Mark:

- *Ten en cuenta la solidez de tus creencias religiosas.* Desde el principio, era evidente que Mark estaba mucho más apegado a sus creencias religiosas que Julie y que ambos eran conscientes de este hecho. Sin embargo, si la educación católica de Julie hubiera estado más enraizada en su personalidad, hubiera sido mucho más difícil resolver esta situación de forma satisfactoria.

Los conflictos religiosos pueden surgir entre personas que profesan una misma fe así como entre personas de distinta tradición religiosa. En estos casos, las dos partes implicadas experimentan dificultades significativas concernientes a la interpretación de determinadas tradiciones religiosas. Veamos el ejemplo de Sara y Michael.

Sara y Michael

Las creencias religiosas pueden ocasionar problemas en la nueva familia

Sara y Michael formaban una pareja de judíos que habían crecido en la misma ciudad y habían sido educados en tradiciones muy parecidas. Se casaron nada más terminar sus estudios universitarios tras un noviazgo que iniciaron cuando aún eran adolescentes. Durante los nueve primeros años, en los que tuvieron tres hijos, las cosas fueron bien. Sin embargo, con el tiempo Michael comenzó a asumir más responsabilidades en su trabajo, lo que suponía que tenía que viajar con frecuencia. La pareja comenzó a distanciarse y, finalmente, se divorciaron de forma amistosa. Sara consiguió la custodia de sus hijos aunque Michael disfrutaba de un régimen de visitas muy amplio y flexible.

Tres años después, Sara volvió a casarse. Su nuevo marido, Morris, también era judío pero practicaba con mayor fervor su religión. Bajo su influencia, Sara comenzó a practicar su fe con más devoción y a guardar los preceptos de la ley judía en los días festivos. Al mismo tiempo, Michael cada vez se alejaba más de su fe, lo que en parte puede atribuirse al hecho de que sus padres se jubilaron y se marcharon a Florida, llevándose con ellos las tradiciones y los rituales religiosos de los días de celebración que mantenían a Michael en contacto con su herencia judía.

Entre Sara y Michael comenzaron a surgir pequeñas tensiones a medida que sus hijos, que estaban acostumbrados a celebrar los días festivos de una determinada manera, de repente empezaron a seguir otras tradiciones y preceptos bajo la influencia de la fe de su madre. Poco a poco las cosas fueron empeorando hasta que finalmente la situación explotó durante la Pascua judía, cuando Rachel, la hija de siete años de Michael, se negó a comer en los platos de su padre porque no estaban «limpios». Michael se sintió lógicamente dolido ante esta actitud y acusó a Sara y Morris de utilizar la religión para volver a sus hijos contra él.

Como casi siempre ocurre, los niños acusaron (y su comportamiento también) el aumento de la tensión que existía entre sus padres. Aumentó su grado de agresividad en la misma medida que decreció su capacidad para dormir y prestar atención. Finalmente fue necesario que asistieran a sesiones de terapia, en las que en principio no participaron sus padres ni su padrastro. Pero, ante la evidencia de que la raíz del problema de los niños era en realidad los problemas que existían entre ellos, los tres debieron sumarse al proceso de terapia y colaborar en las sesiones.

La situación empezó a mejorar notablemente cuando, debido a la naturaleza del conflicto, el terapeuta sugirió que la intervención de un rabino sería beneficiosa para el proceso de asesoramiento familiar. Como buen conocedor de las tradiciones religiosas, el rabino les proporcionó su asesoramiento experto y aunó varias tradiciones de forma menos estricta.

La historia de Sara y Michael muestra la complejidad que presentan las cuestiones religiosas.

Qué debemos aprender de esta situación:

- *La forma de entender la fe puede cambiar.* Aun en el caso de que Sara y Michael hubieran seguido casados, las cuestiones de fe podrían haber causado problemas entre ellos. Cuando una de las partes implicadas decide practicar con mayor o menor devoción los preceptos de su religión, es fundamental que respete la forma en que su pareja (o anterior pareja) vive su religión, sobre todo cuando hay niños de por medio. A menudo la manera de practicar la religión de uno de los padres se asocia a «lo correcto o lo incorrecto» y los niños sienten que deben elegir entre el padre «bueno» y el «malo». Aunque no parezca racional, es comprensible que Michael pensara que su hija le estaba llamando «sucio» a él también y no sólo a sus platos. Las tradiciones deben servir para ensalzar las relaciones familiares, no para enfrentar a unos miembros con otros, ni para denigrar a los que han elegido otra opción o para exaltar a un progenitor en detrimento del otro.

- *En cuestiones de fe, pide consejo a un religioso.* Sea cual sea el problema al que te enfrentas, puedes estar seguro de que el sacerdote de tu parroquia ya lo ha visto antes. Como persona que atiende tanto a los feligreses del templo, parroquia o mezquita que acuden diariamente, como a los que sólo realizan una visita al año, tendrá una opinión mucho más objetiva de la situación que incluso un creyente no practicante o un ferviente converso.

- *El comportamiento de los hijos normalmente refleja los sentimientos de sus padres.* Que tú no grites y des alaridos y pongas mala cara no significa que tus hijos no sean perfectamente conscientes de que te gustaría hacerlo. A falta de las limitaciones y perspectivas que proporciona la edad, es bastante probable que expresen con su comportamiento la frustración, tristeza y confusión que tú sientes. Si tus hijos muestran un repentino cambio de comportamiento, el primer sitio donde debes buscar la causa es en ti mismo.

Stuart y Rhonda

Confundieron la lealtad a su familia con la lealtad a su fe

Los problemas por cuestiones de religión no se producen solamente entre cónyuges, ya sean los actuales o los anteriores. Como podemos comprobar con la historia de Stuart, otros miembros de la familia pueden verse afectados también por desavenencias motivadas por temas relacionados con las creencias religiosas, que pueden dañar los sentimientos de las personas afectadas. Stuart y Lilly, ambos episcopalistas, se conocieron y casaron cuando aún estaban en la universidad. Tuvieron dos hijos a los que educaron en la fe episcopalista hasta que Lilly murió en un trágico accidente de tráfico.

Tras la muerte de Lilly, Stuart y sus hijos se mantuvieron en estrecho contacto con los padres y hermanas de ésta, que ayudaron en gran medida a cuidar de los niños. Dos años después, Stuart conoció a Rhonda, una mujer joven de origen judío, con la que se casó. Cuando Rhonda se sumó a la familia, Stuart y sus hijos mantuvieron su propia tradición religiosa, pero también comenzaron a incorporar una parte de la tradición cultural de ésta. La familia de Lilly se sintió muy ofendida por ello, ya que estaban convencidos de que no era más que el principio de un plan tramado por Rhonda para convertir al judaísmo a Stuart y a los niños.

Pero ésa no era la intención de Rhonda ni mucho menos. Lamentablemente, los familiares de Lilly realizaron muchos comentarios desagradables y despectivos en presencia de los niños antes de que Stuart y Rhonda pudieran detectar la realidad de los hechos. Stuart analizó la situación y tomó la decisión de limitar el tiempo que sus hijos pasaban con sus abuelos si éstos no dejaban de hacer ese tipo de comentarios. Finalmente, redujo de manera notable la duración de las visitas de los niños a sus abuelos, quienes (pasado un tiempo y analizando las cosas con perspectiva) se dieron cuenta de que el acercamiento al judaísmo era una muestra de respeto hacia Rhonda y no un rechazo de la religión que practicaba su hija fallecida.

La historia de Stuart muestra lo fácil que resulta confundir la lealtad a una fe con la lealtad a la familia.

Qué debemos aprender de esta situación:

- *Para muchos, la religión es una parte intrínseca de la identidad personal.* El dolor que produce la pérdida de un hijo es indescriptible. Para los padres de Lilly, continuar con la tradición religiosa que ella les enseñó a sus hijos significaba una continuación de la vida de su hija. Puede que no tuvieran razón, pero no es extraño que ellos consideraran que la incorporación de la religión de Rhonda a la vida de los niños relegaba el legado de su hija.

- *Como padre, tú eres el responsable.* Sin lugar a dudas, Stuart era consciente del dolor que sentía su familia política, pero era más importante su responsabilidad de evitar que los comentarios de sus abuelos confundieran y dañaran a sus hijos. Mediante la limitación de las visitas, consiguió establecer un periodo de enfriamiento que sirvió tanto para proteger a sus hijos de un dolor innecesario como para que los abuelos tuvieran el tiempo suficiente de comprobar que sus temores eran infundados.

Cuando existen diferencias raciales, culturales y religiosas, es evidente que no se puede mirar al futuro sin analizar el pasado. Las tradiciones con las que crecemos, ya sean buenas o malas, influyen sin lugar a dudas en nuestra forma de ser y, si no se tienen en cuenta, determinan con casi total seguridad, aunque sea de forma inconsciente, las decisiones que tomemos en el futuro, para bien o para mal.

4

Familias de gays y lesbianas

En principio, el objetivo del matrimonio es alcanzar un compromiso entre dos personas. A lo largo de la historia moderna, desde el punto de vista moral y legal, dicho compromiso sólo es aplicable a dos personas de distinto sexo. La mayor parte de las tradiciones religiosas contemplan el matrimonio de esta forma. Sin embargo, hay una parte de la sociedad que considera que el matrimonio puede entenderse como una relación de carácter sexual, lo que requiere una acepción más amplia de esta definición para que incluya las relaciones entre personas del mismo sexo. La legislación recientemente aprobada en el estado de Vermont constituye un paso adelante en esta dirección. El estado aprobó unas leyes que reconocen como legítimas las uniones entre gays y lesbianas y conceden a este tipo de parejas las mismas ventajas que antes estaban reservadas exclusivamente a los heterosexuales que contraen matrimonio, ya sea de forma tradicional o por lo civil.

Es sumamente probable que pronto se adopten decisiones legales de gran alcance en este mismo sentido. Pero independientemente de las leyes, la tradición cultural y los dogmas de fe fuertemente arraigados no cambian fácilmente, por lo que es poco probable que la mayoría acepte este tipo de relaciones maritales en un futuro inmediato.

Por otra parte, existe un cierto número de matrimonios «tradicionales» supuestamente heterosexuales en los que uno o ambos cónyuges es bisexual o gay o lesbiana. Con frecuencia estos matrimonios persisten con el propósito de presentar al mundo una fachada religiosa y/o políticamente correcta. A menudo, este tipo de matrimonio tradicional «normal» sigue adelante con el conocimiento por parte de los cónyuges de que uno de ellos, o los dos, tiene relaciones homosexuales con otras personas. En otros casos, el cónyuge heterosexual no conoce las inclinaciones homosexuales de su compañero, que de hecho oculta sus tendencias sexuales con el propósito de llevar una vida «normal». Por último, están los casos de los matrimonios en los que uno de sus miembros tuvo su primera experiencia sexual con otra persona de su mismo sexo después de haber mantenido relaciones heterosexuales durante años. No debemos considerar que estas personas se han pasado al otro bando; simplemente se trata de individuos que han tardado un tiempo en encontrar a otra persona que ha despertado en ellos sentimientos que hasta ese momento eran vagos, inciertos, desconcertantes y fáciles de ignorar sin una persona a la que asociarlos.

Aunque los adultos pueden aprender a asumir cualquiera de estas situaciones (no sin cierto dolor y dificultad), la cuestión se vuelve mucho más compleja y cambiante cuando hay niños implicados.

No es fácil decidir cómo y cuándo debe explicarse a un niño un asunto relacionado con la sexualidad alternativa, pero sí es conveniente e importante hacerlo. Si se analizan los patrones normales de la evolución de un niño y sus reacciones ante los cambios y las situaciones estresantes, es fácil deducir que la adolescencia es seguramente la etapa más conflictiva para comunicarle un cambio de la estructura familiar. En último término, cuanto antes conozca el niño la identidad sexual de sus padres, mejor que mejor. Excepto en caso de que el niño lo sepa desde pequeño, la opción más prudente es esperar a que sea una persona adulta (siempre y cuando lo permitan las circunstancias). Sin embargo, si hay que elegir entre decirle la verdad al adolescente o contribuir a que se lleve una gran decepción, lo mejor es decirle la verdad; por muy doloroso que le resulte, seguramente es mucho menos destructivo que una maraña de mentiras que pueden hacer que pierda la confianza en sus progenitores para siempre.

Cuando se valora la conveniencia de informar a un niño sobre la orientación sexual de uno de sus progenitores (en realidad, sobre cualquier tipo de información potencialmente traumática) conviene recordar este importante hecho: por lo general, los niños se adaptan mucho mejor a una separación o divorcio que ha estado precedido por un matrimonio desastroso que a la disolución de lo que en apariencia era una unión placentera que termina sin motivo aparente para ellos.

Esto indica claramente la importancia de explicarles a los niños, en un marco psicológico adecuado, por qué motivos se produce el divorcio. Además, como ya se ha dicho anteriormente, la posibilidad de recibir la ayuda profesional y neutral de un terapeuta, ya sea de forma individualizada o con otros miembros de la familia, puede ser muy beneficiosa para cualquier niño que deba afrontar una situación traumática o de cambio. A menudo los niños necesitan tener la certeza de que ellos no son los responsables de los problemas que existen entre sus padres; hay que hacerles ver que en realidad ellos no tienen la culpa de nada. Por otra parte, cuando las disputas de los progenitores están provocadas por cuestiones relacionadas con su orientación sexual, con frecuencia los hijos (sobre todo si son adolescentes o están a punto de serlo) se enfrentan a interrogantes acerca de su propia sexualidad o tienen dudas al respecto.

Steven

No subestimes la respuesta emocional de un niño ante una separación amistosa

Steven tenía nueve años la primera vez que asistió a terapia como resultado de las quejas de su mal comportamiento tanto en casa como en el colegio y, particularmente, de su oposición a la autoridad de sus padres. Aunque este tipo de problema no parezca un caso aislado, la dinámica de su familia lo hizo único.

Steven tenía dos hermanos menores, uno de seis y otro de tres años. Vivía en un hogar feliz repleto de cariño. Sin embargo, aunque sus padres iniciaron su vida en común manteniendo una relación heterosexual por ambas partes, con el tiempo ambos se dieron cuenta de que en realidad eran bisexuales. Como consecuencia, cada uno de los cónyuges mantenía fuera del matrimonio una relación estable con otra persona de su mismo sexo. A pesar de ello, siguieron viviendo juntos durante algún tiempo hasta que decidieron de mutuo acuerdo que, dada la duración de sus respectivas relaciones, lo más sensato era separarse (sin llegar a divorciarse).

El padre de Steven decidió que él debía ser el que se marchara de la casa y se trasladó con su novio a un apartamento cerca del hogar familiar, tras lo cual la novia de su madre se trasladó a vivir con ella y con los niños. Antes de que se produjeran estos cambios, las nuevas parejas de ambos padres habían entablado un contacto positivo con los niños. Después de marcharse, el padre de Steven siguió manteniendo económicamente a su familia sin que fuera necesaria ninguna acción legal que le obligara a ello. Los niños visitaban con regularidad a su padre y su nuevo compañero en la nueva casa de ambos.

En apariencia, la situación era clara y evidente; el arreglo parecía satisfacer a todas las partes implicadas. De hecho, los hijos menores asumieron la situación sin mayores problemas, todo lo bien que se puede aceptar este tipo de cambio. Pero en el caso de Steven la situación era bien diferente. Aunque en apariencia parecía estar asumiendo las cosas de la misma forma que sus hermanos menores, la realidad es que mantenía una lucha interna como respuesta a los cambios importantes que se habían producido a su alrededor. Su mal comportamiento era resultado directo de esta lucha.

Los adultos implicados en esta complicada situación asumieron de forma errónea que todo iría bien, puesto que Steven mantenía una buena relación con todos ellos. Dieron por sentado que si entre todos colaboraban para que el cambio no fuera brusco, no sería necesario informar a

Steven de los detalles. Pero fue una presunción equivocada. Steven tenía edad suficiente para saber, sin mencionar el hecho de que necesitaba la confirmación de que las nuevas circunstancias eran asunto de sus padres y en modo alguno culpa suya.

Steven empezó a comprender claramente qué estaba pasando cuando sus padres comenzaron a participar en las sesiones de terapia y se sinceraron. Cuando el niño pudo comprender que nada de lo que ocurría estaba directamente relacionado con su comportamiento, sus actitudes y acciones mejoraron notablemente. Durante las últimas sesiones, Steven mostró curiosidad por su propia identidad sexual. Al final admitió que era consciente de las respectivas orientaciones sexuales de sus padres desde mucho antes de que ellos mismos se lo contaran. Lo que cambió para mejor la vida de Steven fue que finalmente todo el mundo habló con sinceridad acerca de los cambios producidos en la familia, en lugar de seguir adelante como si nada ocurriera sin querer ver la realidad de la situación.

Qué debemos aprender de la historia de Steven:

- *Los niños se dan cuenta de todo, aunque no te lo parezca.* Es inútil intentar esconder la verdad a los niños. Por lo general, engañarles sólo contribuye a incrementar la tristeza y confusión que siente el pequeño, que tomará esta falta de explicaciones como indicativo de su parte de responsabilidad en la situación, si no se le cuentan las razones reales que han propiciado la disolución de la familia.

- *Todos los niños no son iguales.* Edad, carácter y grado de desarrollo: todos estos factores determinan qué debe decirse a un niño en cada situación. En el caso de los hermanos pequeños de Steven, se conformaban con el hecho de que sus padres estuvieran contentos y ellos pudieran ver con frecuencia a los adultos que querían. Para

Steven, cuyo desarrollo y capacidad cognitiva era muy superior a la de sus hermanos pequeños, esta presentación de la nueva situación como hecho consumado era sencillamente inadecuada.

- *Los niños son conscientes de que existe la sexualidad aunque a los padres no les guste que así sea.* El hecho de ignorar que tu hijo sabe que existe un aspecto sexual en el ser humano, en el mejor de los casos sólo consigue confundir al niño y, en el peor, le hace llegar a pensar que su interés y curiosidad por este tema es «sucio» o «erróneo». En lugar de ignorar esta cuestión, adapta tus palabras al grado de desarrollo del niño. No pienses que el interés que siente tu hijo por la sexualidad hará que adopte un comportamiento inadecuado para su edad. A menos que el niño haya sufrido abusos o haya tenido contactos de tipo sexual, sus preguntas e indagaciones son inocentes, naturales y no deben producirte ningún temor ni debes reprimirlas.

Karyn y Linda

La sinceridad y buena comunicación facilitaron el proceso de reestructuración familiar

Aunque en la mayoría de los casos la formación de una nueva familia con miembros homosexuales está repleta de problemas, hay personas que tienen el don de saber manejar este tipo de situaciones de forma que todos los implicados resulten beneficiados. Karyn y Linda pertenecían a este tipo de personas; formaban una pareja de lesbianas que crearon un hogar feliz con sus dos hijos, fruto de sus anteriores matrimonios heterosexuales. Los niños, gracias a sus atentos cuidados, crecieron en un entorno psicológico fuerte y saludable que les enseñó a saber afrontar las situaciones potencialmente difíciles.

Karyn se casó con veintiún años y tuvo un hijo, Daniel; se divorció cuando tenía veintinueve. En el tiempo que duró su matrimonio, se sentía algo confundida hasta que finalmente descubrió que se sentía sexualmente atraída por las mujeres. Se enamoró de otra mujer y decidió poner fin a su matrimonio. Karyn y su exmarido compartían la custodia de su hijo en lo que ella misma describió como «un acuerdo de custodia entre adultos maduros». En pocas palabras, tanto ella como su exmarido pensaban que lo más importante era el interés de Daniel. Karyn y su amante compraron una casa a medias, a pesar de que en el fondo ambas sabían que no se trataba de una relación permanente y, efectivamente, se separaron después de tres años de vida en común. Durante los cinco años siguientes, Karyn vivió sola. Daniel vivía con ella durante la semana y con su padre los fines de semana. Cuando se produjo la ruptura de su madre con su novia, el padre de Daniel se volvió a casar con otra mujer con la que tuvo otros dos hijos.

Durante algún tiempo las cosas fueron bien. Cuando Daniel tenía once años, le contaron la verdad sobre las inclinaciones sexuales de su madre, algo que él ya sospechaba desde hacía tiempo. Un año después, Karyn inició una relación con Donna, lo que provocó el primer problema importante en la relación con su exmarido. Por razones que nunca llegó a comprender, éste se mostró repentinamente enojado y, de hecho, intentó conseguir la custodia completa de Daniel en dos ocasiones. Curiosamente, Daniel, que se había convertido en un adolescente muy inteligente y elocuente, expresó en más de una ocasión que la relación que mantenían Karyn y Donna era mucho mejor que la que existía entre su padre y su madrastra.

Karyn y Donna estuvieron juntas durante trece años y siguieron siendo muy buenas amigas después de haber terminado su relación amorosa. Cada una de ellas tenía una consideración muy distinta de su propia orientación sexual; por su parte, Donna era consciente de su condición de lesbiana desde que era adolescente, pero Karyn sin embargo no se planteó una relación sexual con otra persona de su mismo sexo hasta que no tuvo casi treinta años y nunca se planteó la posibilidad de sentirse de nuevo atraída por otro hombre.

Karyn empezó entonces a salir con Linda; las dos mantuvieron una relación de amistad muchos años antes de convertirse en pareja. Con esta relación, ambas sentían que por fin habían encontrado a la persona con la que compartirían el resto de sus vidas. Cuando hablaron sobre la cuestión de formar una nueva familia, Karyn expresó la idea de que, en función de su experiencia, este proceso requería una reestructuración familiar, un punto de vista que Linda compartía. También estuvieron de acuerdo en que un componente esencial para crear satisfactoriamente una nueva familia era considerarse a sí mismas no como pareja únicamente, sino como parte de una familia más numerosa. La unión que finalmente establecieron Karyn y Linda fue el resultado de años de terapia, que las ayudó a entablar entre ellas una comunicación sincera y abierta y a comprender claramente la importancia de la estabilidad de la familia. Analizaron no sólo las cuestiones psicológicas de su relación, sino también el entorno en el que se desarrollaba y decidieron vivir en una comunidad muy liberal donde se aceptaban todo tipo de estilos de vida. Basaron las decisiones concernientes a su familia en las necesidades de sus hijos.

La historia de Karyn y Linda constituye un ejemplo de madurez y de comportamiento realista.

Qué debemos aprender de esta situación:

- *Piensa en el bienestar de los menores implicados.* Sé sincero y abierto con ellos. No pienses solamente en lo que os hace feliz a vosotros como pareja; ten en cuenta a la familia como un todo.

- *Elige un entorno adecuado.* Karyn y Linda vivían en una comunidad progresista que en general aceptaba su forma de vida. Siempre y cuando sea posible, elige un ambiente en el que los estilos de vida que se apartan de la norma no provoquen automáticamente el rechazo de los demás hacia ti y hacia tus hijos.

Andrea y Sophia

Las relaciones entre personas del mismo sexo pueden provocar tensiones con personas ajenas al entorno familiar

Andrea y Sophia formaban una pareja lesbiana y llevaban tres años juntas. Cada una de ellas tenía una hija de un matrimonio anterior; la hija de Andrea tenía catorce años y la de Sophia diecisiete. Las dos tenían novio y ambas madres se llevaban bien con los chicos.

Cuando los padres del novio de la chica de catorce años se enteraron de que Andrea era homosexual, le prohibieron a su hijo que siguiera viendo a su novia. Como consecuencia, la joven pareja se vio obligada a verse a escondidas hasta que la hija de Andrea se quedó embarazada, lo que motivó que ambas comenzaran a asistir a terapia.

Desafortunadamente, el bebé recién nacido no tuvo contacto alguno con su padre ni con sus abuelos paternos, que le proporcionaron ayuda económica pero no quisieron mantener ninguna relación con él. Con el tiempo, y con la ayuda de un terapeuta, tanto Andrea como su hija lograron aceptar la decisión tomada por el padre de la criatura y su familia y dejaron de asumir su parte de responsabilidad por un comportamiento y actitud que no dependía de ellas. De esta forma dieron un paso más en sus vidas.

Andrea ayudó a criar a su nieto hasta que, cuando éste tenía siete años, su hija se casó con un hombre que se convirtió en el padre adoptivo del niño gracias a que el padre biológico renunció de buen grado a sus derechos.

Si bien la historia de Andrea y Sophia no ofrece ninguna solución definitiva, sí nos recuerda que las personas no vivimos solas. Esto no significa en absoluto que debamos vivir una mentira, pero sí es importante anticiparnos a las consecuencias que pueden desprenderse del hecho de revelar la verdad.

Alma y Charles

Las familias formadas por parejas del mismo sexo pueden convivir en armonía

Alma y Charles se casaron y tuvieron una hija, Elizabeth, pero después de varios años de matrimonio, Alma se dio cuenta de que era lesbiana. Aún así, la pareja dio por terminado su matrimonio de forma amistosa y siguieron siendo buenos amigos con el objetivo común de proteger los intereses de su hija. Elizabeth se adaptó bien a la situación y disfrutaba de una buena relación con ambos progenitores.

Con el tiempo, Charles volvió a casarse y tuvo otros dos hijos. Alma también encontró una nueva pareja con la que estableció una relación permanente por medio de una ceremonia de compromiso (que no tenía validez legal). Los dos nuevos compañeros aceptaron sin problemas a Elizabeth y a los ex cónyuges de sus parejas. Elizabeth tuvo una infancia feliz adaptada a las circunstancias y después comenzó sus estudios de Derecho.

Mientras estaba en la universidad, Alma rompió la relación con su pareja e inició una nueva con otra mujer que tenía dos hijos. Gracias a su desarrollo emocional satisfactorio, Elizabeth aceptó bien este cambio estructural en su familia.

Aunque esta situación no es aplicable al caso de la mayor parte de las familias, saber que es posible alcanzar una solución pacífica y meditada constituye un trazo de esperanza para aquellos que se encuentran en medio de una situación complicada. Además, también demuestra que la orientación sexual de una persona no es indicativa de su capacidad (o falta de ella) para resolver cuestiones familiares complejas de forma madura y meditada.

¿Qué aspectos posibilitaron que esta familia se reestructurara satisfactoriamente?

- Charles y Alma se respetaban mutuamente y confiaban en la capacidad del otro como progenitor. Además, también sabían que los límites se mantendrían bien definidos.

- Todas las personas implicadas eran inteligentes, extrovertidas y conscientes de su propia identidad. Cuando surgía algún problema, podían discutirlo entre ellos.

- Todos ellos querían seguir adelante con sus propias vidas. Esta afortunada familia consiguió disfrutar de una tranquilidad que es difícil de alcanzar, tanto para las parejas homosexuales como para las heterosexuales, gracias a su mentalidad abierta y al deseo de encarar el futuro en lugar de aferrarse al pasado.

Elaine y Susan

Todas las parejas tienen problemas relacionados con el papel que debe desempeñar cada uno

Tal y como demuestra la historia de Elaine y Susan, las parejas del mismo sexo deben afrontar muchos más problemas que las parejas heterosexuales relacionados con la identidad personal y el papel que debe asumir cada miembro.

Elaine y Susan fueron conscientes de su orientación sexual en diferentes momentos de sus vidas. Elaine descubrió su sexualidad a los veintitantos, mientras que Susan era consciente de su inclinación sexual desde la pubertad. Cuando iniciaron su relación, ninguna de las dos había estado casada ni había mantenido ninguna relación estable. Las dos eran profesionales de éxito, pero Susan ganaba más dinero y ocupaba un mejor puesto. Cuando decidieron que querían tener hijos, pensaron que Elaine debía ser la que se sometiera a fecundación artificial y, de hecho, tuvieron tres hijos por este método. Las dos ejercían activamente como progenitores, pero Elaine asumió el papel principal a la hora de cuidar de sus hijos y, al igual que ocurre en los ambientes familiares tradicionales de hombre/mujer, sacrificó sus propias necesidades en favor de su familia. Aunque aparentemente todo parecía ir bien, la verdad es que comenzaron a surgir problemas subyacentes.

Uno de los problemas, que iban en aumento, era la falta de un modelo masculino en la vida de su hijo, lo que propició su mal comportamiento tanto en casa como en el colegio. Al mismo tiempo, Elaine comenzó a tener sentimientos ambivalentes sobre el hecho de ser la principal fuente de sostenimiento de su familia, un papel que llevaba desempeñando la mayor parte de su vida. Además, tenía la impresión de que Susan no apreciaba su labor y, como resultado, su autoestima iba decayendo rápidamente.

Finalmente fue necesario recurrir a una intervención externa en forma de terapia tanto individual como en grupo. Durante este proceso las dos mujeres se dieron cuenta de que sus problemas eran «normales» y frecuentes en todas las parejas, independientemente de su orientación sexual. Comprendieron que sus problemas no estaban derivados del tipo de unión no tradicional que mantenían.

Además de buscar ayuda profesional para ellas, las dos eran conscientes de que su hijo Brian también necesitaba ayuda. El terapeuta del colegio se encargó del caso al principio, ya que Brian hablaba con él francamente sobre sus problemas, pero después el consejero del colegio remitió el caso a un terapeuta externo con el que los tres se sentían cómodos. Con la ayuda de los dos terapeutas, se redujo la conflictividad en la vida de Brian; ambos eran hombres, lo que aportó a Brian parte de la estabilidad que necesitaba. Además, proporcionaron una serie de consejos a Elaine y Susan, incluso les sugirieron que lo que Brian necesitaba era un hermanito. La pareja se replanteó su relación y Susan empezó a participar más en la vida familiar, un cambio en su patrón de comportamiento que a la larga le resultó muy satisfactorio.

Qué debemos aprender de la historia de Elaine y Susan:

- *El papel que desempeña la persona encargada de cuidar de la familia, independientemente de su sexo, es muy estresante.* Todos los miembros de la familia (incluida la persona que desempeña este papel) deben ser conscientes de esta realidad. Esta labor merece respeto y apoyo, y la persona que la realiza debe aprender a pedir ayuda si los demás no se la prestan.

- *En esencia, la mayoría de las experiencias del ser humano son universales.* El hecho de considerar que la experiencia que vives es única para ti y tu familia hace difícil, si no imposible, analizar la situación con la objetividad necesaria para afrontarla. Cuanto mejor seas capaz de ponerte en el caso de los demás, más fácil te resultará adoptar una postura objetiva y analizar las posibles estrategias para afrontar la situación. Si consigues reconocer que no eres el único que pasa por una determinada situación, te sentirás más tranquilo y relajado, lo que repercutirá positivamente en todas las partes implicadas.

> • *Los niños, tanto si ellos mismos o sus padres son heterosexuales u homosexuales, necesitan en sus vidas una persona de su mismo sexo con la que puedan compartir sus experiencias y formarse una idea de sí mismos en el futuro.*

Nuestra sociedad actual cada vez reconoce, respeta y acepta mejor la existencia de gays y lesbianas, lo que favorece la mezcla de familias formadas por personas del mismo sexo con otras tradicionales. A medida que la gente comienza a comprender que las similitudes entre ellos y este tipo de familias son mayores que las diferencias, aumentan las posibilidades de que los niños educados en este tipo de ambiente familiar crezcan felices, emocionalmente equilibrados y aceptados por la sociedad. Aunque los que se oponen a que los homosexuales puedan tener hijos alegan que este tipo de situaciones son «negativas para los niños», los estudios realizados revelan que los pequeños que crecen en hogares estables repletos de cariño se desarrollan satisfactoriamente, independientemente de la orientación sexual de sus padres.

5

Abusos físicos, sexuales o emocionales

La formación de una nueva familia, incluso en las circunstancias más idóneas, resulta un proceso complejo y difícil, pero cuando además algunos de sus miembros han sufrido malos tratos en sus experiencias familiares anteriores, los implicados en la creación de esta nueva unidad familiar deben actuar con suma cautela y paciencia. Cualquier ser humano que haya sufrido abusos por parte de uno de sus progenitores, su cónyuge o persona a su cargo tiene serias dificultades para entablar una relación de confianza. Esto es aplicable a los casos en que la relación víctima-maltratador era especialmente cercana y de interdependencia. Un niño pequeño que haya sufrido este tipo de desgracia tiene pocos motivos para creer que sea posible entablar cualquier otro tipo de relación y, por lo general, seguirá unos patrones de comportamiento bastante predecibles.

Tendencias del comportamiento de los niños que han sufrido malos tratos

Algunos niños que han sido sometidos a abusos sexuales llegan a pensar que su único valor personal está estrechamente ligado a su cuerpo; en lugar de evitar la sexualidad y el contacto físico, pueden adoptar una actitud sorprendentemente seductora (muy desconcertante por otro lado). En estos casos, es importante que los adultos rechacen firmemente cualquier proposición sexual y controlen su reacción natural de enfadarse o disgustarse, lo que sólo contribuiría a reafirmar la percepción que por lo general tienen estos niños: que lo que les ha ocurrido es culpa de ellos. En estas situaciones es esencial establecer unos límites claramente definidos y hacerlos cumplir en todo momento. Estos niños tienen que aprender que pueden ser valorados por sus ideas, sentimientos y comportamientos no sexuales.

Otra de las tendencias frecuentes entre los niños que han sufrido abusos físicos o sexuales es dividir el mundo en dos equipos: víctimas y agresores. Sentirse víctima no es agradable, por lo que estos niños prefieren adoptar el papel de agresor y puede que intenten abusar de otras víctimas más pequeñas y vulnerables, ya sea un animal o incluso otro niño. Antes de que un niño que ha sufrido malos tratos pueda convivir pacíficamente con otros niños, es necesario estudiar la posibilidad de que adopte este tipo de comportamiento para poder así descartarlo o determinar un tratamiento; ignorar que existe esta posibilidad puede resultar desastroso. Hay que afrontar esta situación de manera directa y establecer unos límites y expectativas de comportamiento muy definidos para todos los niños implicados, determinar qué comportamiento es aceptable y cuál inadecuado. Nunca des por supuesto que un niño que ha sufrido abusos sabe la diferencia entre lo correcto y lo incorrecto, sobre todo si los abusos se han producido de manera prolongada. Los niños aprenden de las personas que los cuidan y el comportamiento de estos niños está determinado por una persona completamente carente de límites, que considera aceptable un comportamiento absolutamente inadecuado y abusivo.

En raras ocasiones, los niños que han sido víctimas de abusos pueden realizar acusaciones falsas contra otras personas con el objetivo de culparles de lo que les ha ocurrido a ellos. Este comportamiento es sumamente difícil de controlar y siempre debe ser tratado mediante asesoramiento clínico y tratamiento terapéutico por un especialista en la materia.

Lamentablemente, a veces los niños sufren abusos durante todas las sucesivas relaciones de sus progenitores, en distintos ambientes familiares que finalmente se disuelven. Por lo general, esto es el resultado de la incapacidad de los adultos para afrontar y superar sus propias cuestiones relacionadas con la autoestima, abusos sufridos, adicciones o enfermedades mentales, que les llevan de una relación destructiva a otra, arrastrando a sus hijos con ellos.

Con frecuencia, en los casos de abusos crónicos, los niños experimentan cambios de comportamiento postraumáticos, como los recuerdos retrospectivos (imágenes mentales recurrentes o recuerdos del o de los hechos traumáticos). Este tipo de comportamiento suele darse ante una situación de cambio, aunque se trate de un cambio positivo. Por lo tanto, cuando se vaya a producir un cambio en la vida del niño, como un traslado de casa, un cambio de colegio o la incorporación de un nuevo miembro a la familia, es importante tener en cuenta que el niño con un historial de abusos puede experimentar un retroceso en su comportamiento: puede sentirse atemorizado, alterado, puede mojar la cama durante la noche y cosas por el estilo.

El abuso no sólo tiene un componente físico o sexual. El hecho de que la figura paterna muestre un constante desinterés o una actitud negligente hacia su hijo, puede causarle el mismo daño que un puñetazo. En este tipo de situaciones, los niños carecen de autoestima y desconfían de todo el mundo. También muestran una gran habilidad para comprobar los límites de la paciencia de las personas que les rodean, ya que consideran que no hay nadie que les pueda querer. De nuevo, es necesario ganarse la confianza del niño con paciencia y persistencia y establecer firmemente una serie de límites.

Por lo general, los niños con un historial de abusos de cualquier tipo comprueban los límites de la paciencia de los nuevos adultos en sus vidas durante un largo y difícil periodo de tiempo; suelen adoptar dos tipos de actitud hacia los recién llegados. Una consiste en rechazar al nuevo adulto de forma evidente y rotunda. Este comportamiento es el resultado de la creencia del niño de que al final será rechazado y, de esta forma, siendo él el primero que rechace a la otra persona, en su mente cree que puede ejercer algún control sobre la situación. Otra posibilidad es que el niño se enzarce en una confusa y prolongada batalla con el nuevo adulto. Este comportamiento supone que en un determinado momento el niño puede aceptar a la persona adulta, para un minuto después rechazarla; sus comportamientos y sentimientos viajan en una montaña rusa lo que, una vez más, le hace pensar que al menos puede controlar quién forma parte de su vida diaria y quién no.

Cuando se crea una nueva familia, alguno de cuyos miembros ha sido objeto de malos tratos, los padres deben prepararse para afrontar las dificultades tanto de los malos comportamientos como de las agresiones pasivas encubiertas. Siempre cabe esperar que el niño se anticipe al comportamiento abusivo o negligente de la nueva persona que entra a formar parte de su vida. Al fin y al cabo, si su propio progenitor le maltrató, ¿por qué ibas tú a ser diferente?

En el ambiente familiar, los padres pueden adoptar algunas medidas para asegurarse de que todos los miembros de la familia puedan disfrutar de intimidad, espacio vital y supervisión paterna. Esto es esencial cuando existe la posibilidad de que uno de los niños abuse de otros pertenecientes a la familia; es fácil cruzar el límite bajo la apariencia de un juego con un niño de menos edad. El niño sometido a abusos aprende todos los trucos de la coacción e imita el comportamiento de su agresor coaccionando a los demás para que permanezcan callados, haciéndoles creer que ellos tienen la culpa de lo ocurrido o que las personas que quieren correrán peligro si ellos revelan el secreto.

Por último, los niños que viven en situaciones de malos tratos de cualquier tipo siempre tienen el temor de que si dicen la verdad perderán a sus seres queridos, ya sea porque tengan que abandonar el hogar o a consecuencia de las amenazas de daños físicos. Estos temores pueden persistir hasta mucho después de que el niño haya dejado de tener contacto con sus agresores, como muestra la historia de Rose y Tom.

Rose y Tom
Un padre maltratador que socava la formación de una nueva familia

Cuando se conocieron, tanto Rose como Tom llevaban bastante tiempo divorciados y ambos eran padres de adolescentes. Durante el periodo de noviazgo, los hijos de ambos se mostraron conformes con la relación, pero las cosas cambiaron cuando anunciaron su intención de contraer matrimonio. Los hijos de Rose cambiaron radicalmente de actitud y adoptaron un comportamiento muy brusco; empezaron a portarse mal en casa y en el colegio y, concretamente, dirigieron su hostilidad hacia Tom, que hasta ese momento parecía gustarles. En los cinco meses siguientes el comportamiento de los chicos fue empeorando hasta el punto de que tuvieron que posponer la boda y buscar ayuda profesional. Después de varios meses de terapia, el motivo de la angustia de los chicos quedó claro: el primer marido de Rose, que los golpeaba, les había dicho que mataría a su madre si alguna vez se volvía a casar. Una vez descubierto este terrible secreto, gracias a la intervención de las autoridades y a la ayuda del terapeuta, los niños pudieron sentirse seguros y dispuestos a formar parte de esta nueva familia y, finalmente, dieron su aprobación a la celebración del matrimonio.

Qué debemos aprender de Rose y Tom:

- *Los maltratadores son expertos·en infundir miedo.* No des por sentado que el hecho de que el agresor ya no esté en escena supone que sus amenazas han desaparecido. Los agresores tienen un don especial de supervivencia, y ejercer un control sobre su o sus víctimas es un componente esencial de su capacidad para prolongar el comportamiento abusivo.

- *Los niños saben guardar secretos.* Por mucho que te haya contado el niño, seguro que todavía hay cosas que no te ha dicho. Ten en cuenta que seguramente sólo sabes parte de la historia, por lo que debes mantenerte atento: los cambios repentinos de comportamiento indican que hay otros aspectos de la historia que no conoces. Debes procurar ganarte la confianza del niño para que se sincere totalmente contigo.

El simple hecho de que se hayan producido abusos (ya sean sexuales, físicos o psicológicos) no implica que el niño se sienta feliz o aliviado porque sus padres se separen. Al igual que una persona adulta, los niños tienen la capacidad de aferrarse a la ilusión de cómo deberían haber sido las cosas, como demuestra la historia de Jack y Marjorie.

Jack y Marjorie

Niños maltratados que idealizaron a su familia

Jack y Marjorie estuvieron casados once años. Jack, que sufría un trastorno maniaco depresivo, tenía un carácter impredecible y ejerció abusos psicológicos sobre su mujer durante todo este tiempo. Tuvieron dos hijos, Brett y Sarah, que tenían ocho y seis años respectivamente cuando sus padres se divorciaron. Marjorie consiguió la custodia de sus dos hijos, que siguieron viendo a su padre aunque con un régimen de visitas muy irregular. La estabilidad de los niños se veía comprometida cada vez que pasaban un tiempo con su padre, ya que el comportamiento de Jack seguía siendo impredecible y en ocasiones los maltrataba psicológicamente.

A pesar del comportamiento de su padre, Brett no podía aceptar la posibilidad de que su madre iniciara una nueva relación con otro hombre. Fue necesario que asistiera a terapia para tratar las cuestiones relacionadas con el divorcio. Las sesiones se centraron en la creencia de Brett de que todo iría bien si sus padres volvían a estar juntos. Con la terapia, Brett fue capaz de afrontar la realidad de la enfermedad de su padre y el efecto que tenía sobre él. Finalmente, pudo ver la situación con claridad y pensar en el futuro y permitir de esta manera que su madre hiciera lo mismo.

Qué debemos aprender de Jack y Marjorie:

- *Los niños adoran a sus padres de forma incondicional.* Esta afirmación puede parecerte de Perogrullo, pero en realidad es un factor muy complejo, a veces menospreciado, que influye en la creación de una nueva familia o en la disolución de la existente. El amor que siente el niño le hace ver con la mejor consideración posible a su progenitor; él mantiene la esperanza de que esta persona, por muy incompetente que sea, se convierta algún día en el padre o madre perfecto.

- *Todo el mundo alberga fantasías de la familia perfecta.* Como todo el mundo, los niños sólo quieren ver lo mejor de sus seres queridos. Es un error pensar que los niños no se sienten confundidos ante el deseo de querer estar con un ser querido y el deseo de que cese el mal comportamiento de esa misma persona; todo el que haya tenido una relación amorosa dolorosa puede comprender este impulso y dar fe de ello.

Kurt y Jill

La experiencia propia de malos tratos de una madre reaparece durante un periodo de estrés

Kurt y Jill, una joven pareja que se conoció en la universidad, mantuvieron un noviazgo de tres años antes de casarse. Kurt era del medio oeste y Jill del sur profundo. Con el paso del tiempo decidieron tener hijos y en el plazo de tres años tuvieron tres, dos niños gemelos y una niña con un retraso neurológico que requería cuidados constantes.

Jill, que siempre había sido muy tranquila, de repente se volvió muy impulsiva y ocasionalmente agresiva con los gemelos, que estaban en una etapa muy activa de su desarrollo. Desconcertado por el comportamiento atípico de su mujer, Kurt se enfrentó a ella; en ese momento Jill le reveló los horrores de su propia infancia: su padre abusaba físicamente de ella. Su progenitor las sacaba, tanto a ella como a su hermana, con frecuencia a la leñera y las golpeaba fuertemente por el mero hecho de comportarse como es normal en cualquier niño activo.

Jill estaba horrorizada por su comportamiento y se dio cuenta de que sus acciones, si bien no con tanta brutalidad, reflejaban exactamente las de su padre. Aunque era consciente de su comportamiento y lo rechazaba, le resultó difícil aprender a controlarlo. De alguna forma, comenzó a identificarse con su agresor para dejar de ser la víctima de la situación.

Claramente, la combinación de sus propias experiencias de malostratos pendientes de solución con el esfuerzo por criar a sus revoltosos gemelos y a su hija desprotegida, hizo aflorar en ella unas respuestas primitivas aprendidas ante una situación estresante.

Qué debemos aprender de Kurt y Jill:

- *No puedes ignorar el pasado.* Si has sido objeto de abusos psicológicos, físicos o sexuales, debes afrontar la realidad. Si no lo haces, los efectos derivados saldrán a la superficie en algún momento, por lo general cuando te encuentres sobrepasado por los acontecimientos y no te sientas capaz de afrontarlos. Después de ser víctima de estos horribles actos, es normal que sientas rabia, e incluso el deseo de castigar al agresor; lo importante es que te enfrentes a tus instintos de indignación con la ayuda de un terapeuta antes de que los descargues en alguien que quieres.

- *El abuso es insidioso.* Como un gen defectuoso, el abuso transmite sus horrores de generación en generación. Sólo hace falta una persona para detener el ciclo: esa persona puedes ser tú.

Un historial de malos tratos no excluye en absoluto la posibilidad de formar una nueva familia de forma satisfactoria. Sin embargo, todos los implicados deben actuar de forma cautelosa y meditada y estar dispuestos a entablar entre ellos una relación de confianza mutua y cariño con el tiempo.

En el siguiente capítulo analizaremos una situación frecuente entre los niños que sufren malos tratos o son víctima de la negligencia de sus padres: niños que quedan al cuidado de sus abuelos.

6

Los abuelos en las familias de hoy

La mayoría de los adultos recordamos el tiempo que pasamos con nuestros abuelos como momentos felices. Desde nuestra primera lección para aprender a pescar hasta esa galleta de premio que nos daban antes de la cena, los niños tienen en sus abuelos un refugio de amor y de aprobación. Pero, lamentablemente, esto no es así para todo el mundo. Para algunos niños, la lucha entre padres y abuelos por obtener el control convierte a la relación en una fuente de conflicto en lugar de proporcionar tranquilidad. En el caso de otros niños cuyos padres no pueden cuidar de ellos, los abuelos asumen el papel de padres, con todas las complicaciones que ello conlleva.

Al cuidado de los abuelos

Además del papel de apoyo que los abuelos desempeñan en muchas familias, cada vez un mayor número de personas de edad avanzada se hace cargo de sus nietos para criarlos. Aunque esta circunstancia no es nueva, cada vez se dan más casos. Según las estadísticas del *Census Bureau* de los Estados Unidos, en 1990 había 3,9 millones de niños que vivían con sus abuelos; en 1970, los niños en esta misma situación eran 2,2 millones. ¿Por qué se ha producido un incremento del 76 por ciento? Existen una serie de razones.

Muchos de los hijos de padres jóvenes son consecuencia de un embarazo en su etapa de adolescencia. El aumento del consumo de sustancias estupefacientes y las enfermedades relacionadas con el VIH/SIDA entre los padres también son un factor determinante, al igual que la mayor concienciación de la población y el aumento de denuncias por malos tratos a menores, que traen como consecuencia la intervención del estado para alejar a los niños de estas situaciones peligrosas. Por último, cada vez un mayor número de padres acaban en la cárcel, la mayoría por cargos relacionados con las drogas.

Las estadísticas disponibles sobre estos casos también revelan los importantes problemas que deben afrontar los abuelos que tienen que criar a una segunda familia. Por un lado, muchos de los abuelos que tienen a sus nietos a su cargo se enfrentan a grandes dificultades económicas; de hecho, tienen un sesenta por ciento más de probabilidades de vivir en la pobreza que los abuelos que no comparten las mismas cargas familiares. También son proclives a anteponer las necesidades de sus nietos, descuidando así sus propias necesidades físicas y emocionales, ya que la mayor parte de estos niños necesitan atenciones especiales debido al trauma que sufren por los malos tratos recibidos, la negligencia de sus progenitores, la separación de sus padres o el posible abandono.

Los abuelos que se encuentran en esta situación tienen algo en común: la mayoría adora a sus nietos y desea lo mejor para ellos, pero a la vez sienten que sus propios hijos se están aprovechando de ellos. Por lo general, se sienten privados de disfrutar de sus años de jubilación y de la satisfacción de ser los abuelos indulgentes en lugar de los cuidadores que tienen que establecer una disciplina. Como resultado de esto, pueden experimentar un cierto resentimiento. Pero no siempre se da la circunstancia de que los niños queden a cargo de sus abuelos de manera intencionada. En algunos casos, los progenitores no eligieron dejar a sus hijos con sus propios padres, sino que se vieron obligados a ello por la intervención del estado, en ocasiones a instancias de los propios abuelos. Estos casos son dolorosos y confusos para todos los involucrados.

Sal y Maria

El cuidado de la familia generación tras generación

Sal y Maria formaban una pareja de recién jubilados, ambos con 65 años de edad. Estaban casados desde hacía cuarenta y dos años y tenían tres hijas que les habían dado siete nietos en total. Dos de las hijas estaban felizmente casadas, pero la menor, Rita, era drogodependiente y alcohólica. Aunque nunca había mantenido una relación estable, tenía dos hijas de las que no sabía la identidad de sus padres.

Las autoridades locales encargadas de los asuntos relacionados con menores le retiraron a Rita la custodia de sus dos hijas, de seis y ocho años de edad, como consecuencia del consumo de drogas en su presencia y de su negligencia hacia ellas. Los servicios sociales se pusieron en contacto con Sal y Maria, que accedieron a asumir el cuidado de las niñas. Al principio, el acuerdo tenía un carácter informal, pero al poco tiempo Sal y Maria creyeron necesario obtener la custodia legal de sus nietas para que pudieran recibir asistencia médica y poder matricularlas en el colegio de la zona. Lo que debería haber sido un proceso relativamente sencillo se convirtió en unos trámites muy costosos, que requirieron mucho tiempo porque Rita se opuso a que sus padres asumieran estos derechos. Sin trabajo y en la pobreza, Rita consiguió asistencia legal gratuita, pero Sal y Maria tuvieron que gastar mucho dinero en su lucha por conseguir el derecho a hacerse cargo de sus nietas. Cuando finalmente terminó la disputa legal, Sal y Maria obtuvieron la custodia de las niñas, aunque Rita podía visitarlas bajo supervisión todas las semanas.

A pesar de haber luchado por obtener la custodia de sus nietas, Sal y Maria albergaban la esperanza de que Rita obtuviera la ayuda que necesitaba y pudiera asumir su responsabilidad como madre de las niñas; pero lamentablemente siguió consumiendo drogas. Al principio, sus hermanas mayores y los maridos de éstas intentaron ayudarla, pero pronto desistieron debido a su mal comportamiento y a las amenazas sufridas por parte de uno de sus innumerables novios, con lo que Sal y Maria quedaron solos y agotados ante la difícil situación.

Sal y Maria no estaban acostumbrados a pedir ayuda a nadie que no formara parte de su familia, pero cuando las niñas comenzaron a portarse mal en el colegio y a tener pesadillas y mojar la cama por la noche, acudieron a hablar con el sacerdote de su parroquia en busca de ayuda. El sacerdote, que estaba al tanto de los problemas y las necesidades de sus feligreses, los puso en contacto rápidamente con un terapeuta de la zona, especializado en salud mental, que estaba familiarizado con casos de niños que habían sido víctimas de un comportamiento negligente.

El primer objetivo del terapeuta fue conseguir que Sal y Maria dejaran de culparse a sí mismos por el comportamiento de Rita. Una vez que consiguieron superar su sentimiento de culpabilidad, pudieron establecer unas normas más consistentes y firmes. Las niñas, con una vida más organizada, comenzaron a sentirse más seguras y controladas y, como resultado, mejoró su comportamiento. Durante un breve periodo, la vida familiar se estabilizó pero, por desgracia, la calma no duró mucho tiempo.

Poco después de que las cosas empezaran a mejorar, Rita murió a causa de una sobredosis. Lamentablemente, estar alejada de sus responsabilidades como madre no fue suficiente para que tomara las riendas de su vida. Después de la muerte de su madre, las niñas siguieron viviendo con sus abuelos, pero empezaron a pasar más tiempo con una de sus tías y su familia. Con el tiempo, la familia tomó medidas tanto legales como sociales para que la custodia de las niñas pasara a manos de sus tíos en caso de que algo les ocurriera a los abuelos; el acuerdo establecía de manera formal la transferencia de las niñas a sus nuevos tutores cuando fuera necesario. De hecho, cuando la abuela murió ocho años después de que las niñas llegaran a su casa, esto fue exactamente lo que pasó.

Qué debemos aprender de Sal y Maria:

- *Existe la posibilidad de que un padre drogodependiente nunca se recupere y pueda asumir sus responsabilidades.* No es sorprendente que Sal y Maria mantuvieran la esperanza de que su hija recobrara la normalidad en su vida pero, como consecuencia, el caos de la vida de Rita se contagió a la suya propia.

- *Es necesario tomar medidas legales para que los niños estén protegidos y cuidados adecuadamente.* Independientemente de las cuestiones prácticas como la asistencia sanitaria o el colegio, los niños necesitan tener una seguridad en su forma de vida y las personas a su cargo deben protegerse tanto a sí mismas como a los menores de un progenitor por el mal camino, que reaparece de pronto en escena y pretende retomar el control llevándose a los niños con él.

- *Los niños necesitan normas.* Es frecuente que la culpabilidad que sienten los abuelos se traduzca en una actitud indulgente con el mal comportamiento de sus nietos, pero esto no les hace ningún favor a los niños. Ellos necesitan una vida organizada, una organización que sin duda les faltaba cuando vivían con un progenitor adicto a las drogas o que los maltrataba. Si quieres que los niños se sientan seguros y se adapten a un patrón de vida normal, debes establecer unas normas con las que crezcan.

- *Piensa en el futuro.* Obviamente, cuanto mayor sea la persona al cuidado de los niños, más posibilidades hay de que se produzca una enfermedad o un fallecimiento que haga necesario buscar otro hogar para los menores implicados. El hecho de hacer que los niños se involucren lo máximo posible en la vida de otros familiares o posibles tutores, minimizará el trauma que seguramente sufrieron durante su primera transición.

- *Busca ayuda. A la hora de criar a sus nietos, los abuelos se encuentran con unas circunstancias muy diferentes de las que existían cuando criaron a sus propios hijos.* Los problemas de los niños son diferentes de los de los niños de una generación anterior. Entre otros, hay una mayor incidencia de actividad sexual entre adolescentes y violencia en los colegios. Otras cuestiones menos problemáticas, como el uso del ordenador y los vídeo juegos (actividades normales para los niños pero absolutamente desconocidas para los abuelos), se convierten en una tarea difícil, si no imposible, a la hora de controlarlas y supervisarlas. Es esencial buscar ayuda externa para comprender el mundo en el que viven los niños, ya provenga de un terapeuta que te ayude a hablar con ellos o de un vecino docto en nuevas tecnologías que te enseñe a navegar por Internet.

James y Jessica

Hijos que a su vez son padres

Cuando Jessica se quedó embarazada de su novio, James, siendo todavía una adolescente, sus padres la echaron de casa, pero los padres de éste, Agnes y Tony, optaron por acoger a la joven pareja y al bebé en su hogar.

En un principio las cosas fueron bien. La madre de James cuidaba del bebé mientras ambos terminaban sus estudios, ella en el instituto y él en la universidad. Pero cuando Jessica quedó embarazada de nuevo comenzaron a surgir problemas. James se enfadó porque habían acordado que no tendrían más hijos hasta que él terminara sus estudios y pudiera ahorrar algo de dinero. Jessica, por su parte, negó su responsabilidad por el embarazo, lo que creó una gran tensión no sólo entre la pareja, sino también entre Jessica y la familia de James. Además, todos tenían la sensación de que Jessica había «abusado de su hospitalidad», pero si ésta abandonaba el hogar familiar con sus hijos iniciarían una batalla por la custodia. (Los abuelos esperaban que Jessica se marchara sin más y dejara a los niños con ellos.)

Afortunadamente, la familia no tuvo que recurrir a acciones legales gracias a que Jessica confesó lo que todos sospechaban: no siguió el plan de control de natalidad que habían acordado y era, por tanto, responsable de su embarazo. Para ella, el nuevo bebé significaba que serían una familia «completa», lo que les permitiría a ella y a James tener una vida estable. Cuando superó sus temores y confesó la verdad, James la perdonó y la familia comenzó a analizar las cuestiones relacionadas con la confianza entre ellos y la responsabilidad de cada uno. A medida que la terapia avanzaba, Jessica comprendió que ser ella misma era correcto y que el hecho de tener ideas y preocupaciones diferentes del resto de la familia que «la acogió» no significaba en absoluto que no les quisiera o respetara.

A medida que la pareja maduró, los papeles que desempeñaban tanto ellos como Agnes y Tony quedaron más definidos. James y Jessica adquirieron mayor independencia como pareja y los abuelos comenzaron a aceptar el hecho de que su familia crecía en número y aprendieron a concederle mayor libertad a la pareja. Por ejemplo, Agnes descubrió que la vida familiar se desarrollaba con más normalidad cuando ella dejó de levantarse a media noche para darles de comer a los bebés y permitió que Jessica asumiera su correspondiente papel como madre. Agnes y Tony cejaron en su idea de que tenían derecho a dirigir las vidas de los dos jóvenes puesto que ellos eran sus «rescatadores».

Qué debemos aprender de James y Jessica:

- *No abandones a tu hijo. Todo el mundo comete errores.* A menos que muestren un comportamiento violento o destructivo hacia otros miembros de la familia, los adolescentes siguen siendo niños y necesitan todo el apoyo posible. La vida de los jóvenes puede deteriorarse rápidamente si no consiguen encontrar un empleo estable o una casa donde vivir y, además, están solos. Puede que la única forma de subsistir que encuentren sea el sexo, y las drogas su única forma de escape. Una cosa es hacer que los hijos asuman sus responsabilidades y otra empujarles a una situación que podría degenerar y hacerles pagar un alto precio. Los padres de James les ofrecieron compasión y los dos jóvenes respondieron de forma responsable completando su formación y buscando un empleo.

- *Cuando se practica el sexo, siempre existe la posibilidad de que se produzca un embarazo.* Esto parece obvio, pero James y sus padres no se plantearon seriamente esta posibilidad. Jessica no cumplió su parte en el control de natalidad, pero James era igualmente responsable de ambos embarazos. Cuando los abuelos, o cualquier otra persona, permiten que una pareja tenga relaciones sexuales bajo su techo, corren el evidente riesgo de que aumente la familia. Hablar sobre este tema y sus consecuencias antes de que un bebé esté en camino resulta mucho más práctico que apuntar con el dedo al culpable cuando el embarazo ya es una realidad. Además, no debemos disculpar al hombre simplemente porque él no lleva al bebé dentro de sí: si puede engendrar un hijo, también puede comprar y utilizar un preservativo.

- *Existe una delgada línea de división entre mantener y apoyar.* Aunque Jessica y James hacían progresos para alcanzar su madurez, tanto en lo referente a los estudios como al trabajo, en el hogar familiar aún les consideraban unos críos. Muchos padres, que no desean que sus pequeños abandonen el nido, en el fondo se sienten satisfechos de que sigan dependiendo de ellos aunque hagan el numerito de quejarse de que su descendencia no termina de independizarse. Debes ayudar a tus hijos a crecer con el propósito final de vivir sus vidas de forma independiente y productiva.

Ann y Mike

Unos abuelos que ayudaron a realizar la transición

Los acuerdos de custodia a favor de los abuelos no tienen por qué ser definitivos. Si los abuelos y los progenitores están dispuestos a colaborar para alcanzar el objetivo final de que el niño viva con sus auténticos padres en su propia casa, el resultado puede ser muy satisfactorio.

Ann y Mike decidieron acoger a su nieto de cuatro años, Aaron, cuando la relación de su hija Pamela con su novio Jerry empezó a ser abusiva. Jerry y Pamela llevaban juntos seis años, pero con el tiempo Jerry, que tenía ocho años más que ella, había adoptado una actitud muy agresiva y posesiva.

Aaron empezó a manifestar un mal comportamiento como resultado de presenciar episodios de violencia doméstica. Pamela, que no había sido capaz de abandonar a Jerry por sí misma, reunió las fuerzas necesarias para hacerlo por su hijo. Pero este paso positivo en su vida la dejó agotada física y mentalmente, además de haber supuesto que Aaron careciera de una disciplina constante y adecuada.

Afortunadamente, Pamela logró ver el acierto del ofrecimiento por parte de sus padres de encargarse del cuidado del niño. Esto le permitía disfrutar de un tiempo de libertad para poder asistir a terapias individuales y en grupo sobre violencia doméstica, además de terminar su formación laboral para poder ser autosuficiente. Pamela visitaba a su hijo en casa de sus padres con regularidad y mantuvo una estrecha relación con el niño. A medida que ella empezó a reponerse, el niño pasaba con ella un día completo primero y después todo el fin de semana.

Cuando Pamela estuvo preparada para retomar su papel como madre a diario, Aaron ya se había adaptado a la nueva forma de actuar de su madre y a su comportamiento como persona adulta e independiente.

Ann y Mike estaban encantados con los logros alcanzados por su hija y satisfechos de retomar su tradicional papel como abuelos. Siguieron interviniendo de forma activa en la vida de su hija y de su nieto y se alegraron cuando Pamela se casó con un hombre que se convirtió en un excelente padrastro para Aaron.

De esta historia se desprenden algunos consejos muy prácticos para los abuelos que deban asumir el cuidado de sus nietos:

- *La seguridad del niño es lo primero.* Los problemas de comportamiento de Aaron, consecuencia directa de la violencia doméstica, hicieron que tres adultos tomaran cartas en el asunto. El interés del niño fue lo primero que tuvieron en cuenta tanto Pamela como sus padres cuando decidieron que viviera en la paz y seguridad del hogar de los abuelos.

- *Es necesario establecer un objetivo común.* Tanto la madre como los abuelos de Aaron estaban de acuerdo desde el principio en que el niño volvería a vivir con su madre algún día. Es importante dejar claro este aspecto, aunque todas las partes coincidan con el acuerdo de custodia inicial. Las medidas necesarias para que el niño vuelva con su o sus progenitores deben tomarse lo antes posible, ya sea mediante terapia, clases o periodos de visita que vayan en aumento progresivamente.

- *El niño tiene que acostumbrarse al nuevo yo de su progenitor.* Con frecuencia, el padre que «expía sus culpas» espera que el comportamiento del niño se adapte inmediatamente a la nueva situación, pero como poco, esto es injusto. Es necesario ganarse la confianza y el respeto del niño; para que unos padres, en un tiempo negligentes, enmienden las equivocaciones de su comportamiento pasado y establezcan una relación saludable y positiva con su descendencia, es necesario que pase algo de tiempo.

Aunque en el caso de Ann y Mike todas las partes implicadas estaban de acuerdo, las cuestiones relacionadas con la custodia y el cuidado de los pequeños pueden ocasionar auténticos problemas en una familia, incluso en el caso de que los padres nunca hayan renunciado a sus derechos como tutores principales. El siguiente caso es un buen ejemplo de ello.

Carlos y Theresa

La desgracia divide a una familia

Cuando Carlos y Theresa se conocieron, él llevaba tres años viudo tras la muerte de su esposa Celina a consecuencia de un cáncer de pulmón. Él tenía dos hijos y Theresa, que estaba divorciada, era madre de otros tres.

En los años que siguieron a la muerte de Celina, los padres y hermanos de ésta ayudaron en gran medida a Carlos a cuidar de los niños. Durante estos años, sus heridas no cicatrizaron como deberían haberlo hecho. Todos recordaban a Celina casi como una santa, sobre todo sus familiares más cercanos, y claramente esperaban que Carlos siguiera soltero y conservara vivo el recuerdo de su mujer durante toda la vida. De hecho, en las posteriores sesiones de terapia, Carlos reconoció que en su opinión la familia de su mujer pretendía que él se convirtiera en un «plañidero profesional».

Al principio, Carlos estaba conforme con la situación; tanto él como su mujer habían sido muy felices durante el tiempo que duró su matrimonio, habían disfrutado de una gran estabilidad y él realmente la echaba de menos. Sin embargo, a medida que el paso natural del tiempo curaba sus heridas, se dio cuenta de que tenía y quería dejar de vivir en el pasado: era el momento de que su propia vida y las de sus hijos siguieran adelante.

Después de un año y medio en el que se dedicó por completo a sus hijos, decidió que estaba listo para empezar a salir con otras personas y tener una vida social propia de una persona adulta. Tras varios meses en los que salió con varias personas de forma esporádica, Carlos conoció a Theresa y se enamoró de ella, lo que no gustó demasiado a la familia de Celina aunque le dijeron que se alegraban por él, si bien con la boca pequeña.

Carlos y Theresa se casaron; como los niños eran bastante pequeños, la pareja decidió que lo mejor sería que Theresa dejara su trabajo de media jornada para dedicarse por completo al cuidado de los hijos, lo que por un lado sería beneficioso para ellos y les ofrecería mayor seguridad y estabilidad y, por otro, podrían ahorrarse los gastos derivados del cuidado de los pequeños. Theresa y Carlos eran conscientes de que esta decisión podría acarrearles problemas importantes, ya que de esta forma la familia de Celina tendría menos responsabilidades sobre los hijos de Carlos y probablemente percibirían este cambio como otra pérdida más en sus vidas.

En su intento por evitar que esta desgraciada situación se produjera, Carlos y Theresa procuraron que los niños participaran lo máximo posible en todas las reuniones familiares y se aseguraron de que los padres de Celina pasaran mucho tiempo «ejerciendo de abuelos» con los niños.

Pero esto no fue suficiente para los padres de Celina, que eran personas muy jóvenes, e iniciaron una campaña de desprestigio contra Theresa ante sus nietos. Carlos y Theresa se dieron cuenta en seguida de lo que estaba ocurriendo, pero siguieron confiando en que el tiempo curaría todas las heridas. Lamentablemente, esto no fue así; el paso del tiempo no hizo sino crear una mayor animosidad entre la joven pareja y los abuelos.

Los padres de Celina acabaron por perder toda perspectiva y comenzaron a dar la vuelta a lo que decían los niños hasta que un día, en un intento desesperado por lograr el control sobre sus nietos, se convencieron a sí mismos de que Theresa los maltrataba físicamente. A raíz de sus perversas conclusiones, presentaron una queja ante la agencia de protección de menores de la zona, que inició una investigación del asunto. Los investigadores concluyeron que no sólo no existían malos tratos por parte de Theresa, sino que además los padres de Celina se esforzaban de común acuerdo por menospreciar a la joven mujer ante sus hijastros.

Como consecuencia, Carlos y Theresa, muy enojados, eliminaron todo contacto entre los niños y sus abuelos. Esto no resultó fácil para los pequeños, ya que adoraban a sus abuelos y apreciaban el tiempo que pasaban con ellos, la mayor parte del cual la situación era perfectamente normal.

Después de muchas disputas legales, el asunto llegó a los tribunales, donde se determinó que todas las partes implicadas debían seguir una terapia adecuada y que los abuelos podían visitar a los niños en determinadas ocasiones bajo supervisión. Si la intervención de un terapeuta se hubiera producido antes, es probable que hubieran podido evitar en gran medida el rencor extremo que surgió entre ellos.

De esta desafortunada situación se desprenden la siguiente serie de conclusiones:

- *El proceso de duelo es diferente para cada persona.* No hay nada más personal que la forma en que un individuo vive una pérdida, pero lamentablemente todo el mundo tiene tendencia a juzgar a los que no lamentan una desgracia de la misma forma que ellos. Los padres de Celina esperaban que el dolor que sentía Carlos evolucionara (o no) exactamente igual que el suyo.

- *No esperes que los padres del cónyuge fallecido se alegren ante una nueva relación o la acepten, al menos al principio.* Aunque los padres puedan comprender desde el punto de vista intelectual que su yerno o nuera desee seguir su vida, desde el punto de vista emocional pueden considerarlo como una traición a su hijo o hija fallecida.

● *No ignores las señales de peligro.* La combinación de compasión e ilusión en la forma de pensar de Theresa y Carlos resultó desastrosa. Dado el tiempo transcurrido desde la muerte de Celina y la devoción que sus padres sentían por su recuerdo, era poco probable que los sentimientos de los abuelos cambiaran con el paso del tiempo. Cuanto antes intervenga una tercera parte objetiva, mejor que mejor. Afortunadamente, el comportamiento irracional de los padres de Celina no supuso que los niños tuvieran que abandonar el hogar de Carlos, pero si los representantes de los servicios sociales no hubieran sido tan meticulosos, el resultado podría haber sido mucho menos deseable.

A medida que los abuelos asumen cada vez más responsabilidades sobre el cuidado de sus nietos, aumentan también sus demandas por conseguir un régimen de visitas impuesto por los tribunales y otra serie de derechos. Lo último que una familia, ya de por sí traumatizada, necesita o desea es una larga batalla legal. Los padres y los abuelos pueden trabajar en colaboración para mejorar la vida de los niños y de los demás miembros de la familia, y para que todos tengan la oportunidad de crecer y madurar y proseguir sus vidas; para ello es necesario establecer unos objetivos, respetar las normas establecidas y afrontar las dificultades existentes lo antes posible.

Pero lamentablemente, a veces los abuelos no pueden hacerse cargo de sus nietos cuando éstos deben abandonar el hogar familiar. En tales casos, la solución pasa por buscar un hogar de acogida temporal o una nueva familia de adopción con carácter permanente.

7
Adopciones y acogidas

El deseo biológico y social de procrear es parte integrante del ser humano. Mientras los gobiernos de algunas naciones como la China o la India se ven obligados a tomar medidas para controlar la natalidad, los norteamericanos no sufren estas limitaciones. El deseo de tener hijos ha llevado a muchas parejas a someterse a tratamientos de fertilización in vitro, con el resultado de un parto múltiple. Aquellos que no pueden concebir un hijo, o los que piensan que no es necesario que existan vínculos de sangre entre ellos y su hijo, tienen la opción de ampliar su familia mediante la adopción o acogida de un niño.

Los datos del *Department of Health and Human Services* de Estados Unidos indican que la expectativa de vida en 1990 era de setenta y cinco años, mientras que en 1900 era de cuarenta y ocho años aproximadamente. Hace unos años, la expectativa de vida de una persona era considerablemente inferior a la actual y en las granjas, ranchos y plantaciones, que constituían el principal medio de sustento de las familias, era necesario el trabajo de muchas personas para sacarlas adelante, por lo que lo habitual era que las familias fueran muy numerosas. A medida que la nación inició su proceso de industrialización, las mujeres pasaron a formar parte de la fuerza de trabajo cada vez en mayor número y comenzaron a tener un cierto control sobre las cuestiones reproductivas. Como resultado, las familias empezaron a estar formadas por menos miembros; la tasa de natalidad descendió y las parejas tenían una media de uno o dos hijos. Las grandes familias se convirtieron en cosa del pasado.

En los últimos años, esta tendencia está cambiando de nuevo gracias al aumento de la creación de nuevas familias. Cada vez más parejas anteponen sus familias al trabajo o buscan la forma de encontrar un equilibrio entre los dos. Algunas mujeres se comprometen a hacer todo lo posible por aumentar su familia. Las parejas que decidieron retrasar la concepción a favor de sus carreras profesionales a menudo requieren la ayuda de medicamentos de fertilidad u otros procedimientos reproductivos que conducen inevitablemente a un parto múltiple. Además, también están los que simplemente desean proporcionar un hogar a un niño que no lo tiene. Estas familias enriquecen sus vidas gracias al proceso de adopción.

La adopción*

La adopción consiste en asumir con carácter permanente todos los derechos legales y la responsabilidad sobre un niño que no es propio desde el punto de vista biológico. Cada estado tiene sus propios procedimientos de adopción; algunos estados cuentan con agencias de adopción dirigidas directamente por el gobierno, mientras que otros en cambio delegan en agencias privadas las cuestiones relativas a las adopciones. Por lo general, el proceso de adopción es largo y requiere la colaboración y evaluación de los posibles padres adoptivos, así como del o los padres biológicos que se preparan para entregar a su descendencia. Cuando el menor dado en adopción tiene edad suficiente, también participa en los preparativos. La adopción puede resultar un proceso muy caro y son los futuros padres los que deben correr con la mayor parte de los gastos, entre los cuales están la asistencia médica y legal de la madre biológica, las minutas de los abogados y de la agencia de adopción y, en algunos casos, los gastos diarios de la madre biológica durante al menos parte del embarazo.

Si la adopción se realiza mediante el sistema de acogida, el procedimiento es seguramente mucho más largo y complejo. En primer lugar, los padres biológicos pueden conservar sus derechos sobre el niño, aunque finalmente deben cederlos para que la adopción pueda llevarse a cabo de forma definitiva.

---

* Para obtener información sobre adopciones internacionales, visita la página Web www.adopcion.org. *(N. de la Ed.).*

Incluso en los casos en que se han producido malos tratos o negligencia, no se trata de un proceso nítido, ya que las agencias de servicios sociales tradicionalmente favorecen la unificación de la familia antes que promover su disolución. Muchas parejas han visto cómo se les rompía el corazón cuando, después de tener en sus casas a un niño en acogida y considerarlo como parte de su familia para siempre, los padres biológicos del menor han reclamado sus derechos sobre él y los han conseguido. Sin embargo, en los últimos años ya no se tiende a favorecer la reunificación familiar a cualquier coste y cada vez está más limitado el tiempo que un niño puede permanecer «en el sistema» hasta que se les concede a sus padres una segunda oportunidad para que el menor pueda seguir su vida. Dicho esto, es importante que los posibles padres adoptivos conozcan los riesgos, demoras y contratiempos que pueden surgir durante el proceso legal de adopción.

Otra forma de adopción es la adopción privada o independiente, una práctica cuya popularidad va en aumento. En estos casos, un intermediario, que puede ser un abogado o un médico, pone en contacto a los padres biológicos y a los posibles padres adoptivos. Si estás pensando en optar por esta alternativa, hay una serie de aspectos que debes tener en cuenta. El primero es el coste económico; asegúrate de que todos los gastos son razonables. Debes hacerte cargo de los gastos médicos y legales de la madre biológica; muchas parejas acuerdan también el pago de una cantidad a la madre natural para que disfrute de una vida cómoda y tranquila, sin preocupaciones económicas, durante el crítico último mes de embarazo. Esto no quiere decir sin embargo que le pagues a la joven madre un coche nuevo o las deudas que aún tenga por sus estudios universitarios. En pocas palabras, no debe producirse ningún intercambio monetario que sugiera ni remotamente que el menor ha sido comprado o vendido.

Además, en la mayoría de estos casos la adopción no concluye hasta varios meses después del nacimiento del niño, con el propósito de asegurar que los derechos de los padres biológicos se han respetado completamente o que no se les ha ocultado ninguna información ni se les ha presionado en forma alguna.

Aunque la adopción de un niño procedente de la misma zona que los padres adoptivos es la opción más sencilla, es absolutamente posible (y de hecho frecuente) adoptar a un niño de otro estado e incluso de otro país, aunque el proceso es más complicado y costoso y, en el caso de un niño extranjero, requiere la intervención del *Immigration and Naturalization Service*.

Tanto los padres biológicos como los adoptivos deben tener en cuenta lo que significa realmente la adopción. Tradicionalmente, una adopción supone la cesión completa de todos los vínculos y derechos sobre el niño por parte de los padres biológicos y deniega de forma inequívoca el derecho del niño a conocer sus orígenes biológicos. Sin embargo, en la actualidad algunos estados permiten las adopciones «abiertas», ya sea de mutuo acuerdo entre los padres adoptivos y los biológicos o por decreto de un tribunal. Esto supone que los padres naturales pueden visitar al niño bajo determinadas condiciones o por lo menos mantener una comunicación con él mediante cartas o fotografías. Esta situación suele darse cuando el niño dado en adopción es mayor y, por tanto, ha mantenido una relación con sus padres biológicos o hermanos y desea mantener el contacto con ellos. También existe una cantidad reducida, aunque cada vez más numerosa, de padres adoptivos que incluyen a los padres biológicos en la vida del niño desde el primer día. En otros estados, sin embargo, las adopciones abiertas no están permitidas.

Además de las cuestiones referentes a cómo adoptar un niño, también puede planteársenos la pregunta de quién puede adoptar. Hasta hace poco tiempo, para poder optar a la adopción de un niño era necesario formar parte de un matrimonio tradicional que no pudiera tener hijos propios. Hoy en día este criterio ha cambiado y se concede una mayor flexibilidad a aquellos que desean ser padres. El principal objetivo ahora es el interés del niño, sin tener tanto en cuenta el estado civil, las creencias religiosas, raza, cultura u orientación sexual del posible o posibles padres adoptivos.

Aún así, a pesar de que ya es frecuente que se conceda un niño en adopción a un padre o madre soltera, los estados de Florida y New Hampshire prohíben las adopciones a parejas de homosexuales. La legislación de Florida ha sido declarada inconstitucional, pero este dictamen está recurrido en la actualidad. Tanto si eres homosexual como heterosexual, soltero o casado, es esencial que estudies detenidamente toda la legislación referente a adopciones existente en tu estado y comunidad con el fin de que el proceso de adopción se realice de forma satisfactoria y con relativa tranquilidad por tu parte.

Aunque en el proceso de adopción se tiene más en cuenta a la madre biológica, el padre natural del niño también tiene una serie de derechos sobre él y desempeña un papel en los procedimientos. En la mayoría de los estados es necesario comunicar al padre biológico que su hijo va a ser dado en adopción. Si tiene auténtico interés por criar él mismo a su hijo, normalmente se le permitirá hacerlo a menos que se demuestre que es incompetente para ello. Pero los padres que no desean cuidar de sus hijos no pueden obligar a la madre biológica a hacerlo (lo contrario también es así), al igual que no pueden prohibirle a una mujer que se someta a un aborto ni pueden obligarla a ello. Desde un punto de vista legal, estas decisiones competen a la mujer.

Como ya se ha dicho anteriormente, hace algunos años aquellos que deseaban adoptar un niño a pesar de tener los suyos propios eran automáticamente rechazados, ya que no se consideraba una buena idea mezclar niños biológicos con los adoptados en una misma familia. Sin embargo, con el tiempo esta creencia ha cambiado. Existen numerosas buenas razones para que una pareja o una persona soltera opte por la adopción en lugar de tener otro hijo biológico: el deseo de tener una familia numerosa sin tener que pasar por varios embarazos, la necesidad de querer dar un hogar a un niño, el deseo de tener un hijo mayor, etc.

Por maravillosos que sean estos deseos y pensamientos, es importante plantearse algunas preguntas antes de embarcarse en el proceso de adopción:

- ¿Sentirás lo mismo por un hijo adoptado que por tus propios hijos?

- ¿El hijo adoptado tendrá la «misma» consideración que tus hijos biológicos y éstos lo aceptarán?

- ¿Aceptarán los demás miembros de tu familia al niño adoptado?

- ¿Crees que alguien considerará como un extraño al niño adoptado?

- ¿Estás preparado para afrontar cualquier problema derivado del entorno anterior en el que ha vivido el niño?

Si adoptas un niño, también es necesario que tengas en cuenta que puede que no conectéis de forma inmediata, aunque desde luego lo mismo puede ocurrir con un hijo biológico. Si le pides a cualquier persona que tenga varios hijos que responda con sinceridad, seguramente admitirá que se ha sentido más unido a algunos antes que a otros. Algunos padres adoptivos experimentan una vinculación inmediata, una sensación de que ese niño estaba predeterminado para ellos. Algunos otros consiguen este mismo resultado sólo después de haber transcurrido un cierto tiempo.

La forma en que afrontes el periodo de transición (ya sea con un niño pequeño o con uno un poco mayor) determinará tu relación con el niño y la relación de éste con sus hermanos y demás miembros de la familia. Es importante que los posibles hermanos participen en el proceso de planificación cuando se considera la posibilidad de adoptar un niño porque los hijos biológicos necesitan saber que sus opiniones son respetadas y valoradas en el seno de la familia. El niño debe sentir que tiene una cierta autoridad derivada del hecho de formar parte del proceso, lo que aumenta notablemente la posibilidad de que establezca una relación positiva con su hermano adoptivo.

Los padres deben alentar y fomentar de manera activa la conexión entre los nuevos hermanos. Para contribuir al desarrollo de una familia unida, los padres deben establecer unos vínculos comunes y unas nuevas tradiciones familiares, además de asegurarse de que dedican un tiempo especial a cada uno de los niños y no únicamente al recién llegado.

Uno de los aspectos que hemos podido corroborar es que tanto los hijos adoptados como los biológicos necesitan unos padres afectivos, que se preocupen por ellos y que establezcan unas normas razonables y coherentes. Debe prestarse especial atención a la hora de establecer unas normas y expectativas adecuadas, independientemente de si el niño es adoptado o no. Los niños olvidan el asunto de la adopción con bastante facilidad y establecen entre ellos una relación con los típicos conflictos entre hermanos relativos al espacio personal, la jerarquía familiar, las horas de llegada a casa y cosas por el estilo.

Mitchell y Barbara

Una pareja con hijos biológicos y adoptados

Mitchell y Barbara tenían una hija biológica de once años, Emily, cuando decidieron adoptar a Casey, una niña de siete años. La pareja siempre había deseado tener una familia numerosa, pero Barbara no conseguía quedarse embarazada de nuevo a pesar de que la concepción y el parto de Emily no presentaron problemas. Después de pensarlo por un tiempo, decidieron adoptar a un niño, ya que no querían que Emily creciera sin un hermano. Su deseo era tener otra hija con la edad suficiente para que compartiera sus experiencias con Emily desde el principio.

Los abuelos de ambas partes se mostraron preocupados ante esta decisión. Creían que resultaría muy difícil que una niña de siete años, acostumbrada a otra vida, se adaptara bien a la nueva familia y que, además, la niña seguramente habría vivido experiencias muy duras que podrían haber influido en su comportamiento. De hecho, la madre de Casey era soltera y adicta a las drogas, lo que la incapacitó para cuidar de la niña desde que nació. Casey había vivido con dos familias de acogida y ambas experiencias habían resultado positivas. La razón por la que todavía no había sido adoptada era que los padres biológicos renunciaron a sus derechos hasta que la niña no tuvo casi siete años y los padres adoptivos no se decidieron a adoptarla como consecuencia de su situación legal.

Emily estuvo muy involucrada en el proceso desde el principio y se sentía muy ilusionada ante la posibilidad de convertirse en «hermana mayor». Sus padres le aseguraron que su papel era muy importante a la hora de tomar la decisión. Emily y Casey se fueron acostumbrando la una a la otra de manera gradual; al principio Casey sólo visitaba a la familia durante un rato, pero más adelante empezó a pasar alguna noche y los fines de semana con ellos. Casey no estaba segura de querer dejar a su familia de acogida, con la que había crecido, pero se trataba de una pareja con experiencia en estos asuntos y ayudaron a Casey a dar el gran paso, al igual que habían hecho con otros niños en el pasado. Afortunadamente para Casey, la familia siempre había sido sincera con ella y le había dejado claro que el suyo no era un hogar permanente sino temporal, gracias a lo cual la niña no se había creado expectativas irreales de su relación con esta familia.

Casey se instaló en su hogar adoptivo y continuó viendo a sus padres de acogida, aunque cada vez con menor frecuencia. Estaba encantada con la idea de formar parte de una familia de manera permanente y se sentía muy orgullosa de que «su familia la hubiera elegido».

En los años que siguieron, Mitchell y Barbara, como todos los padres, tuvieron algunos problemas con las niñas. Emily utilizaba el hecho de que Casey era adoptada para atormentarla cuando se peleaban. Casey se rebelaba contra las normas, sobre todo durante la primera etapa de su adolescencia, y alegaba que no tenía por qué seguir las normas porque ella «en realidad no formaba parte de la familia». Las niñas sacaban dinero de la «caja de los ahorros» de la familia, que estaban destinados a las vacaciones, y se lo gastaban en invitar a sus amigos. Mitchell y Barbara no estaban seguros sobre si estos problemas eran normales o tenían su origen en el hecho de que Casey era adoptada. Para resolver la situación, mantuvieron una prolongada relación con una terapeuta especializada en temas de adopciones. La terapeuta les ayudó a descubrir el origen de varios de los problemas y a afrontar el hecho de que, aunque tanto Emily como Casey habían asumido la adopción como parte integrante de la familia, también era un arma que utilizaban la una contra la otra cuando se enfadaban. Finalmente, las niñas aprendieron a aceptar y valorar el carácter permanente de la familia. La terapeuta les sugirió que celebraran una vez al año el Día de la hermana para conmemorar el día en que se inició de forma oficial su relación como hermanas. Aún hoy en día siguen festejando este día para celebrar que, aunque su familia sea diferente de otras, está tan unida para siempre como cualquier otra.

Mitchell y Barbara no pretendieron en ningún momento presentar su nueva familia como si fuera una auténticamente biológica, ni tampoco la consideraron una mera imitación de una familia tradicional. Por el contrario, su valor radicaba en lo que realmente era: una nueva familia con un miembro adoptado. Este punto de vista tan realista fue de gran utilidad para normalizar la relación entre todos los miembros de la familia y ayudó a las dos niñas a consolidar sus respectivas identidades.

De este ejemplo de adopción satisfactoria podemos sacar algunas conclusiones:

- *Si tienes hijos biológicos, haz que participen en el proceso de adopción.* Gracias a que participó en el proceso desde el principio, Emily nunca sintió que le habían impuesto a su nueva hermana.

- *Crea expectativas claras y realistas de la ampliación de tu familia.* Mitchell y Barbara pensaron mucho en cómo afectaría la llegada de otro miembro a su familia y buscaron la ayuda de un terapeuta que les aconsejó cómo superar los momentos difíciles. Gracias a que adoptaron una actitud activa, pudieron afrontar los problemas de manera inmediata y averiguar cuáles eran típicos de las disputas entre hermanos y cuáles específicos de la adopción.

Niños en régimen de acogida

Otra forma de incorporar un nuevo miembro a la familia, aunque sea durante un periodo limitado, es a través del proceso de acogida de un menor.

Desde la década de los años 50, el sistema de acogida es el método elegido con preferencia para proporcionar un hogar a aquellos niños que han sido apartados de sus familias biológicas, ya sea de manera temporal o permanente. De forma acertada, este sistema se considera una gran mejora con respecto al antiguo sistema de orfanatos que albergaba a los niños en edificios institucionales. En la actualidad, el sistema de acogida atraviesa una especie de crisis, ya que el número de hogares disponibles es inferior a la creciente cantidad de niños necesitados.

Según la *Child Welfare League* existen una serie de razones por las que aumenta el número de niños en los Estados Unidos que requieren formar parte del sistema de acogida de este país. Entre las razones principales están la falta de ayuda por parte de los sistemas de salud mental y justicia infantil que antes ayudaban a las familias a permanecer unidas, el aumento de la necesidad de proteger a los niños de malos tratos o negligencia, el aumento del número de familias con problemas de VIH/SIDA, enfermedades crónicas, discapacidades físicas o consumo de drogas y, por último, las estancias cada vez más prolongadas de niños en hogares en régimen de acogida.

No todo el mundo sirve para actuar como padre en régimen de acogida, a pesar de tratarse de un papel que merece la pena y a menudo satisfactorio a nivel personal. Aunque la normativa varía de un estado a otro, a aquellos que desean actuar como padres de acogida se les exige una serie de condiciones comunes y algunas expectativas que deben cumplir. Los posibles padres de acogida son analizados y evaluados por profesionales y deben estar libres de antecedentes penales. Además tienen que seguir unos cursos de formación para aprender a cuidar a un niño con problemas importantes de tipo médico o psicológico. También se evalúan las características físicas y emocionales del entorno familiar. Es necesario presentar referencias que son analizadas a fondo. Nadie puede convertirse en padre en régimen de acogida sin haber obtenido previamente la autorización de una agencia designada para conceder este tipo de certificación, licencia o aceptación.

Los requisitos varían dependiendo de la agencia de que se trate, aunque existen unas limitaciones comunes a todas ellas. Algunas agencias requieren que el padre de acogida sea económicamente solvente y no desee obtener la certificación por motivos puramente económicos. Otras requieren la posesión del carné de conducir y, algunas, formación en primeros auxilios. En otros casos, es necesario pasar una prueba psicológica formal. Si bien no es necesario mencionarlo, convertirse en padre en régimen de acogida es un proceso complicado, que somete a los posibles padres a un estudio minucioso. Una vez que se obtiene el certificado, el número de niños en régimen de acogida que pueden convivir en un mismo hogar de forma simultánea suele estar limitado. Además, muchas familias que acogen a niños por este sistema deciden especializarse, de forma que principalmente atienden a niños de un determinado grupo, como por ejemplo los niños más pequeños, los que sufren alguna enfermedad peligrosa, los que tienen alguna discapacidad física o los que presentan problemas de aprendizaje.

En algunos lugares, los padres de acogida tienen prioridad a la hora de adoptar al niño a su cargo una vez que éste está libre del vínculo legal con sus padres biológicos. En otros estados los padres de acogida se consideran recursos profesionales con carácter temporal. Independientemente de la legislación del estado correspondiente, muchos padres de acogida acaban adoptando a uno o varios de los niños que han estado a su cargo.

En los últimos años se ha modificado la legislación para evitar que los niños permanezcan bajo el sistema de acogida durante demasiado tiempo, lo que implica que se espera que los padres biológicos asuman su responsabilidad hacia sus hijos en un periodo más definido y se les faciliten los recursos necesarios para que puedan cumplir las expectativas. También se han impuesto restricciones de tiempo, ya que cada vez es más evidente que dejar que el niño viva en la incertidumbre del sistema de acogida durante mucho tiempo es inadecuado, negativo e injusto para el menor. Independientemente del tiempo o de las segundas oportunidades que soliciten los padres biológicos, son los tribunales los que toman la decisión final sobre la terminación de los derechos legales de los padres.

Otro de los aspectos regulados recientemente por la legislación es el referente a las necesidades de los jóvenes que llegan a los dieciocho años de edad y aún siguen en el sistema de acogida. Cuando alcanzan la mayoría de edad, muchos de los jóvenes en acogida pierden todo tipo de apoyo; en una edad en que la mayoría empieza sus estudios en la universidad con la ayuda de sus padres, estos chicos deben buscar de repente un trabajo y un sitio donde vivir sin ningún tipo de ayuda. Para solucionar esta situación, a menudo devastadora, en diciembre de 1999 se aprobó una propuesta con el nombre del senador John H. Chafee, adquiriendo la categoría de ley. La *Care Independence Act* y el *John H. Chafee Foster Care Independence Program* tienen por objeto ayudar a los jóvenes de dieciocho años de edad que dejan el sistema de acogida a encontrar una casa donde vivir, a seguir sus estudios, realizar cursos de formación y tener asistencia médica. La ley reconoce el hecho de que una ruptura brusca con el sistema no puede ser sino en detrimento de aquellos a los que pretendía ayudar.

Por último, el deseo de proporcionar cariño a un niño va más allá de las barreras impuestas por la biología, raza, religión y cultura. La mayoría de las personas que adoptan un niño sienten que, aunque no lo han traído al mundo ellos mismos, ese niño estaba predestinado a ser suyo. Unos padres de acogida que transmitan amor al niño, incluso aunque el niño esté a su cargo por poco tiempo, pueden ofrecerle una imagen de ellos mismos que seguramente marcará la diferencia entre un joven que realiza una contribución a la sociedad y otro que queda al margen de ella. Puede que el resto del mundo considere muy noble la labor de estos padres, pero la mayoría de los padres de acogida afirman que ellos mismos son los grandes beneficiarios de la decisión de abrir sus hogares y sus vidas a estos niños.

8

Incorporación de adultos a una familia

Hasta ahora hemos analizado los cambios que se producen con mayor frecuencia en la estructura familiar: divorcio, matrimonio y la llegada de hijos. Sin embargo, hay otras circunstancias que pueden alterar una familia y muchas de ellas implican la incorporación de una persona adulta al ambiente familiar. Muchas familias de hoy en día se encuentran con que forman parte de lo que popularmente se conoce como «la generación sándwich», atrapadas entre las necesidades de los hijos jóvenes y las de unos padres ancianos, todos los cuales requieren de su tiempo y cuidados. En otros casos, algunos adultos de cierta edad, preparados para vivir a solas con su pareja una vez criados los hijos, se encuentran con que uno de sus hijos ya mayor desea vivir de nuevo con ellos por diferentes motivos. También puede ocurrir que ambos miembros de la pareja trabajen fuera de casa y necesiten la ayuda de una asistenta interna que se encargue del cuidado de los hijos; algunas parejas tienen que recurrir también a la ayuda de una enfermera o de otra persona que se encargue de un progenitor anciano que viva con la familia. En este capítulo analizaremos estas situaciones y las implicaciones que conllevan.

En un mundo perfecto, nadie que se considere buena persona pensaría que se ha visto obligado a tener que elegir entre cuidar a sus progenitores o cuidar a sus hijos. Sin embargo, en el mundo real muchas personas deben enfrentarse a este dilema; existen una serie de factores que contribuyen a ello.

En primer lugar, la gente muere después, gracias a las mejores condiciones de vida y a los avances médicos. Pero, lamentablemente, por lo general longevidad no es sinónimo de calidad de vida. De hecho, la falta de salud y las dificultades económicas son aspectos comunes en la vida de los ancianos, que frecuentemente se ven obligados a elegir entre una comida digna y la medicación que necesitan.

A pesar de que las residencias de la tercera edad han experimentado un gran auge, es necesario disponer de un buen respaldo económico para escoger esta opción; en realidad, sólo es viable para familias con ingresos medios o altos. No es algo que se puedan permitir las personas con una economía limitada ni las que dependen de la Seguridad Social. Por ello, un segmento de la población anciana depende en gran medida de la ayuda y los cuidados de sus familias.

La otra mitad de esta población «sándwich» es mucho más joven y está compuesta por adultos jóvenes que, debido a la inestabilidad del empleo y a la necesidad de poseer una formación especializada para acceder a un trabajo en nuestra economía regida por la tecnología, se encuentran a menudo, y quizás de forma repentina, sin trabajo. Ya están muy lejanos los días en que trabajar en una empresa suponía entrar a formar parte de una gran «familia» laboral. Las generaciones pasadas solían trabajar en la misma empresa durante todas sus carreras profesionales, pero ciertamente éste no es el caso en la actualidad. Incluso las personas con formación especializada o estudios superiores que además son ambiciosas pueden acabar en el paro como consecuencia de la venta de la empresa, recortes de personal o la quiebra de una empresa que acaba de iniciar su actividad. Como consecuencia, deben regresar al hogar familiar con carácter temporal mientras buscan un nuevo trabajo o continúan su formación para adaptarse a las necesidades del mercado.

Marlene

El dilema de una mujer «sándwich»

Marlene era una mujer casada de cincuenta y cuatro años con dos hijos mayores, Allan y Phillip. Allan, de veintitrés años, estaba realizando sus estudios de graduado, y Phillip, de veintisiete, acababa de regresar a la casa familiar porque se encontraba sin trabajo y tenía dificultades económicas. A Marlene no le importaba volver a tener a su hijo en casa, pero la situación se empezó a complicar debido al hecho de que de forma simultánea la salud física y mental de su madre, Grace, de ochenta años, comenzó a deteriorarse.

La relación entre Marlene y Grace siempre fue algo tensa, ya que esta última se comportaba a menudo de forma egoísta y sólo se preocupaba por sus propias necesidades. Además, era una persona que se quejaba por todo y tenía una actitud bastante negativa ante la vida. Con todo, su segundo marido le dejó una sustanciosa herencia tras su fallecimiento que le permitió comprar una casa en Florida además de mantener la residencia familiar que estaba a hora y media de la casa de Marlene.

La familia fue consciente desde el principio del rápido deterioro de la salud de Grace, lo que creó un gran estrés entre sus familiares más inmediatos. El hermano de Marlene, Stanley, creía que su madre debía vivir con ella, aunque también pasara algunas temporadas con él y su familia, pero ellos vivían en otro estado. La segunda mujer de Stanley, Brenda, tenía dos hijos propios; cuando Grace estaba en su casa, la verdad es que era ella y no Stanley la que se encargaba de cuidar a la anciana.

Al final, Marlene y Stanley se dieron cuenta de que las necesidades de Grace estarían mejor cubiertas si no tuviera que estar yendo de una casa a otra. La primera alternativa que consideraron fue llevarla a una residencia de la tercera edad, pero se les planteó el problema de si debían buscar una que estuviera cerca de la casa de Marlene o de la de Stanley. La toma de esta decisión les produjo aún un mayor estrés a todos los implicados a la vez que intentaban pensar qué sería mejor para Grace y si ella lo aceptaría. Los dos hijos tenían sentimientos enfrentados y se sentían culpables por colocarla en una situación que la privaría de la independencia de la que antes disfrutaba.

Mientras tanto, Stanley presionaba a su hermana para que se encargara permanentemente del cuidado de su madre. Phillip, el hijo de Marlene, se oponía rotundamente a esta posibilidad y afirmaba que él se iría de la casa si la abuela Grace se trasladaba a vivir con ellos, puesto que «es una persona pesimista y triste que hace que todo el mundo a su alrededor se sienta deprimido».

El marido de Marlene, que hasta ese momento se había mantenido al margen, se puso de su parte y se convirtió en un gran apoyo personal para ella. Él la animó a que buscara el consejo de un profesional que la ayudara a resolver los problemas de su hogar y el creciente estado de ansiedad y depresión que sufría. Gracias a la terapia a corto plazo, Marlene pudo analizar su relación con su madre y tomar decisiones prácticas y objetivas sobre qué sería lo mejor para todas las personas implicadas, a la vez que reducía su nivel de ansiedad. También empezó a aprender cómo actuar de forma más enérgica tanto con su madre como con su hermano.

Como resultado, Stanley se vio obligado a aceptar el hecho de que era necesario que su madre viviera en una residencia de la tercera edad. Grace podía hacerse cargo de la parte económica de esta situación y, aunque Stanley recibiría una herencia menos sustanciosa, la salud de su hermana se vería beneficiada. La mujer de Stanley, Brenda, también apoyó explícitamente esta opción.

Como consecuencia, Grace se trasladó a una residencia de la tercera edad que estaba cerca de la casa de Marlene, que de esta forma podía atenderla con regularidad y pasar un cierto tiempo con ella durante los fines de semana y las vacaciones, a la vez que seguía disfrutando de la compañía de su marido e hijos. En último término, fue una decisión beneficiosa para todos.

Qué debemos aprender de Marlene:

- *No permitas que otros tomen las decisiones por ti.* Sin lugar a dudas, Stanley era el más beneficiado si Marlene se encargaba de cuidar a su madre;

él sabía que de esta forma su madre estaría excelentemente atendida y él estaría libre de toda culpa por las circunstancias de su vida diaria. Pero lo que para Stanley era positivo era totalmente injusto para Marlene. Debes ser consciente de que las sugerencias de los demás pueden tener un fondo muy egoísta; así evitarás tomar una decisión potencialmente desastrosa.

- *Sé realista.* Piensa qué serás capaz de hacer y qué no si te encuentras al cargo del cuidado de otra persona y actúa en consecuencia.

Aunque en el caso de Marlene lo mejor fue optar por que su madre viviera en otro lugar, existen otros casos en los que todas las personas implicadas se ven beneficiadas por el hecho de que un familiar anciano se traslade a vivir con la familia. La historia de Sam es un buen ejemplo.

Sam

Un padre anciano que no podía vivir solo

Sam era un viudo de ochenta y cinco años que tenía tres hijas. Su salud física no era buena, pero mentalmente estaba bien y no estaba dispuesto a admitir que necesitaba ayuda, ya que siempre había sido muy independiente. Aún seguía viviendo en el mismo sitio que cuando era pequeño; jugaba al golf y pasaba el día con sus amigos de la infancia con los que mantenía un fuerte vínculo después de ochenta y cinco años de amistad. Pero el paso del tiempo hizo que todos empezaran a tener problemas de salud.

Sam creó un pequeño negocio que continuaba funcionando bajo la supervisión del marido de su hija mayor. Sam aún actuaba como consejero de la empresa y mantenía una estrecha relación con su yerno y sus hijas. Las otras dos hijas eran solteras; una vivía en Europa, donde trabajaba como traductora para una firma de moda, y la otra era una profesional que trabajaba en el área metropolitana, no demasiado lejos del barrio de las afueras donde vivía Sam. Aunque esta hija se llevaba bien con Sam, pasaba mucho tiempo fuera de casa, ya que las responsabilidades de su trabajo requerían muchas horas de trabajo y viajes frecuentes. Debido a las circunstancias de sus carreras profesionales, ninguna de estas dos hijas podía encargarse del cuidado de Sam.

Afortunadamente, las tres mujeres mantenían una buena relación tanto con su padre como entre ellas, gracias a lo cual pudieron hablar francamente de la situación de su padre y organizar entre las tres la mejor forma de cuidarle. Después de considerar varias opciones, se reunieron con Sam y le sugirieron que debía trasladarse a vivir con su hija mayor y su marido. Tras un breve periodo inicial de duda, Sam accedió a la idea y se trasladó a casa de su hija, gracias a lo que pudo mantenerse al corriente tanto de los asuntos concernientes a su empresa como de las actividades de los miembros de su familia.

Aunque Sam ya no podía pasar tanto tiempo con sus amigos del vecindario como antes, veía a los miembros de su familia con mayor regularidad y, como consecuencia, se familiarizó más con las generaciones más jóvenes. Toda la familia coincidió en que esto le ayudó a mejorar su calidad de vida y a mantenerse animado. Los nietos de Sam, en particular, estaban muy satisfechos de que su abuelo estuviera más involucrado en sus vidas, ya que su presencia permanente les permitía conocer más anécdotas de la historia de su familia y, en concreto, de su abuela a la que nunca tuvieron oportunidad de conocer.

Qué debemos aprender de la historia de Sam:

- *Si decides hacerte cargo de un progenitor anciano, es importante que conozcas las responsabilidades que ello conlleva.* Aunque no hay nada seguro en esta vida, puedes prever qué posibles situaciones pueden darse basándote en la personalidad de la persona anciana y en la relación que mantengas con ella.

- *Si en tu casa viven niños, es importante que tengas en cuenta cómo les afectará esta decisión.* Para los nietos de Sam fue claramente una situación enriquecedora, pero cada familia debe evaluar de forma sincera y objetiva la realidad de sus propias circunstancias.

- *Piensa en qué serás capaz de asumir.* Por ejemplo, si la persona anciana que se traslada a vivir contigo tenía una vida social activa antes de mudarse, tendrás que ayudarla a mantener estas relaciones y actividades que contribuyen en gran medida a su bienestar físico y psíquico.

- *Por último, asegúrate de que esta nueva responsabilidad no se convierta en el eje central de tu vida.* Recuerda que como persona al cargo de un anciano tienes nuevas responsabilidades, pero también tienes que seguir haciendo las cosas que sean importantes para ti y enriquecedoras para tu personalidad. Por este motivo es esencial que puedas contar con alguien que te ayude a cuidar de la persona anciana para que tú puedas disfrutar de algo de tiempo libre.

Louis y Esther

Hijos que apoyan a sus padres ancianos

Las personas mayores a menudo entablan relaciones sentimentales basadas en la compañía con otras personas con las que nunca llegan a contraer matrimonio; la razón por la que no formalizan su unión suele ser una decisión consciente por motivos económicos. En algunos casos, los beneficios derivados de la relación se ven amenazados por el hecho de contraer matrimonio; en otros, es simplemente mejor no mezclar las herencias que dejarán a sus hijos y nietos. Independientemente de su estado civil, estas personas entran a formar parte de la familia de su compañero o compañera y pueden influir (ya sea positiva o negativamente) en las relaciones de éste con los miembros de su familia.

Louis y Esther se conocieron en Florida donde pasaban el invierno después de haber perdido a sus respectivos cónyuges. Louis, que tenía ochenta y un años cuando se conocieron, y Esther, quince años menor, estaban encantados con el hecho de que, además de que sus casas de invierno en Florida estaban muy próximas, los dos tenían una casa en la misma zona de Massachussets. Con el tiempo, su relación se afianzó y la pareja decidió que Esther se trasladara a vivir a la casa de Louis en Florida, aunque conservarían las dos casas de Massachussets.

Aunque tenían alguna que otra discusión, como todas las parejas, los dos eran bastante compatibles y los hijos de ambos aceptaban la relación de buen grado. Con el tiempo, la salud de Louis empezó a empeorar, lo que provocó que aumentara su dependencia de Esther; el papel de ésta como cuidadora de Louis cada vez era más injusto. El anciano necesitaba muchos cuidados y su familia estaba muy preocupada por su seguridad mientras permaneciera a cargo de Esther. Aunque ella quería ayudarle y hacer todo lo que estuviera en su mano, escuchó objetivamente las opiniones de los familiares de Louis y comprendió que las necesidades de su compañero sobrepasaban su capacidad para cuidarle. Dado que era muy probable que la situación dañara los sentimientos de las personas implicadas y se produjeran malos entendidos, el apoyo de las dos familias fue crucial.

Se decidió que lo mejor sería que Louis viviera en una residencia de la tercera edad para estar bien atendido. Como le ocurre a la mayor parte de la gente que llega a esta etapa de su vida, Louis no estaba muy contento con la perspectiva de perder parte de su independencia, pero todos los implicados le prestaron su apoyo y comprensión para realizar la transición.

Los hijos de Louis le cedieron a Esther la casa de Florida de su padre como prueba de su aprecio por todas las cosas positivas que ella había aportado a su vida.

Esther mantuvo el contacto con Louis y lo visitaba periódicamente. Más adelante inició una nueva relación con otra persona que compartió con los hijos de Louis, aunque a él no se lo comunicó para no dañar sus sentimientos.

Qué debemos aprender de Louis y Esther:

- *Respeta la relación de tu progenitor aunque no haya pasado por unos trámites legales.* La familia de Louis le demostró a Esther su aprecio y respeto, gracias a lo cual ella pudo apreciar lo acertado de no continuar viviendo con el hombre que había amado durante quince años. Adoptar una actitud de rechazo o egoísta en este tipo de situaciones puede conllevar auténticos problemas y a menudo produce unos efectos negativos sobre la salud de uno o ambos miembros de la pareja de ancianos.

- *Si has perdido a uno de tus progenitores, debes animar y apoyar al otro para que continúe con su vida.* Con frecuencia los hijos consideran la nueva relación de uno de sus padres como una falta de respeto hacia la memoria del progenitor fallecido. Esto no es acertado porque la vida está hecha para vivirla. Los hijos también se ven beneficiados por el hecho de que su anciano padre o madre tenga una persona con la que compartir su vida.

Niñeras en el hogar

Otra de las posibilidades de que una persona adulta se incorpore al ambiente familiar es mediante la figura de una niñera; la relación que se entabla con la cuidadora de los hijos pequeños da lugar a una situación muy delicada. Tradicionalmente, las niñeras eran personas contratadas por una familia que convivían con ella durante muchos años, a menudo criando a varias generaciones o, por lo menos, hasta que los niños alcanzaban la etapa de la adolescencia.

En nuestros días, las niñeras u «au pairs» suelen permanecer con la familia únicamente durante un año para después ser reemplazadas por otras. Estas personas, por lo general mujeres jóvenes, suelen proceder de países extranjeros o pertenecer a culturas diferentes. El papel que desempeñan depende de cada familia; en algunos casos existe una clara diferenciación entre los padres y la niñera, pero en otros la niñera prácticamente se convierte en otro miembro más de la familia. En este último caso, su partida, cuando se produce, puede complicarse en gran medida, ya que puede tener un gran impacto emocional sobre los menores implicados. Con cierta frecuencia, estos padres suplentes profesionales ejercen una influencia mucho mayor en la vida diaria del niño que sus propios padres biológicos. Como ocurre en el caso de cualquier tipo de relación, esta situación puede ser simple o complicada. La historia de Adam muestra lo compleja que puede llegar a ser esta situación.

Adam

Demasiadas niñeras

Adam tenía ocho años y sus padres estaban divorciados desde que él tenía cuatro. Los dos padres eran profesionales acomodados que acordaron la custodia compartida. Dado que sus carreras profesionales requerían gran parte de su tiempo, ambos recurrieron al servicio de una niñera. Obviamente, esta situación era muy cómoda para las dos jóvenes mujeres, ya que cada una se encargaba del cuidado del niño durante sólo parte de la semana. Dos años después de divorciarse, los dos progenitores volvieron a casarse; la madrastra de Adam también tenía un hijo dos años mayor que él.

En casa de la madre de Adam, cada año había una nueva niñera, pero la niñera contratada por su padre estuvo con él desde el principio y se convirtió en un adulto significativo en la vida del niño. Adam se sentía muy unido a ella y esta circunstancia supuso que existieran algunos problemas en su relación con su madrastra, a pesar de que tanto la nueva madre como la niñera se habían esforzado porque la relación madrastra-hijo fuera satisfactoria. Sin embargo, la presencia en la casa de la niñera era imprescindible porque, al igual que en el anterior matrimonio, ambos miembros de la pareja eran profesionales muy ocupados.

En casa de la madre de Adam, los problemas con las niñeras eran de otro tipo. Debido a que ninguna permanecía con él más de un año, Adam decidió no entablar una relación estrecha con ninguna de ellas, lo que supuso que existieran frecuentes conflictos entre ellos. Por lo general, Adam intentaba manipularlas, un comportamiento muy diferente del que tenía con su niñera de toda la vida en casa de su padre.

Esta notable diferencia de comportamiento propició que las dos familias buscaran ayuda profesional. Adam necesitaba un escenario neutral donde pudiera expresar sus sentimientos hacia sus dos nuevas familias y hacia las niñeras. Después de hablar con Adam, el terapeuta inició también una serie de sesiones con los dos progenitores y sus nuevas parejas, en las que se determinó que el hermanastro de Adam también tenía problemas para adaptarse a la situación.

Como consecuencia, la madrastra de Adam decidió empezar a trabajar desde casa a tiempo parcial para poder involucrarse más en las vidas diarias de los dos niños. Además, el padre y la madrastra de Adam decidieron contratar una nueva niñera que tendría menos responsabilidades sobre los niños, cuidándolos fundamentalmente desde que salían del colegio por las tardes hasta que llegaban sus padres a casa.

Curiosamente, la niñera de toda la vida, que a menudo se sentía atrapada en medio de la situación, se mostró complacida con este nuevo acuerdo y encontró en seguida un nuevo trabajo. El hecho de que aceptara esta situación contribuyó a que la transición se produjera de forma satisfactoria y alivió el sentimiento de culpa que experimentaba el padre de Adam.

Los padres siguieron visitando al terapeuta y acordaron que las necesidades de Adam estarían mejor atendidas si tanto su padre como su madrastra pasaban más tiempo con él. La pareja se organizó y pasaba más tiempo con él del que le dedicaba su madre, cuyo trabajo cada vez requería más dedicación e implicaba más viajes. Cambiaron los periodos de visitas de forma que Adam pasaba la mayor parte de la semana en casa de su padre y tres días durante los fines de semana con su madre. Este régimen de visitas les permitía a los dos progenitores disfrutar de la compañía de su hijo, además de concederles mayor flexibilidad para desarrollar sus carreras profesionales.

La capacidad de los padres de Adam para actuar de forma lógica y centrarse en el mejor interés del niño hizo posible la resolución de esta compleja situación. Muchos padres creen que benefician a sus hijos involucrando a muchos adultos en sus vidas, pero la realidad es, como en este caso, que por lo general ocurre todo lo contrario. La variedad no es sinónimo de beneficio, es decir, el niño necesita una seguridad y continuidad para que su desarrollo se produzca de manera satisfactoria.

Qué debemos aprender de la experiencia de Adam:

- *Los niños experimentan sentimientos enfrentados de lealtad.* En este caso, había demasiadas niñeras en la vida de Adam y él se sentía más unido a unas que a otras, lo que le creó un auténtico conflicto al niño que se manifestó en su mal comportamiento. Debes evitar colocar a tu hijo en una situación en que tenga que elegir entre las personas que quiere porque esto es muy estresante para él.

- *Establece prioridades.* Los padres no pueden abarcarlo todo e intentar hacerlo puede perjudicar seriamente al niño. Sin embargo, con un compromiso por tu parte no hay razón para que no puedas desempeñar el trabajo que te gusta y disfrutar de tus hijos a la vez. Simplemente tienes que cambiar tu concepto del éxito y esperar una segunda oportunidad para conseguir un asiento de primera fila en el desfile de los triunfadores.

Amanda

La continuidad es esencial para los niños

Amanda era la única hija de un matrimonio formado por un médico y una abogada que se divorciaron cuando la niña tenía cinco años. Ambos deseaban desempeñar un papel activo en la educación de su hija y los dos respetaban totalmente el papel del otro progenitor. Sin embargo, ninguno de los dos podía garantizar cuánto tiempo dedicaría a su hija de manera regular. Como consecuencia, decidieron contratar una sola niñera que cuidara de su hija en vez de buscar una niñera para cada casa.

Esta opción presentaba la ventaja adicional de que la niñera serviría de enlace entre los dos progenitores para que sus formas de educar a la niña fueran lo más parecidas posible. Además, reducía la posibilidad de que Amanda manipulara a sus padres y jugara con su sentimiento de culpabilidad por el poco tiempo que pasaban con ella. Con el paso del tiempo, Amanda se fue haciendo mayor y cada vez era más independiente y las actividades escolares la mantenían más ocupada, por lo que la niñera dejó de ser tan necesaria; cuando Amanda cumplió doce años, pudieron prescindir de sus servicios.

Qué debemos aprender de la historia de Amanda:

- *Actúa en colaboración con tu ex en la medida de lo posible.* No nos cansaremos de repetirlo: dejar de lado las diferencias con tu pareja con el fin de pensar en lo mejor para tu hijo marca la diferencia entre un niño feliz y uno problemático.

- *La continuidad beneficia a los niños.* El hecho de tener una sola niñera en las dos casas conllevó muchas ventajas para Amanda: estableció una relación de afecto con'ella, se redujeron las posibilidades de que manipulara a los adultos y de que se comportara mal y creció en la seguridad de que sus padres, a pesar de estar separados, estaban unidos en lo referente a su educación.

Como demuestran los ejemplos anteriores, los cambios producidos en la sociedad norteamericana han tenido una fuerte repercusión en la forma de adaptación de las familias a las nuevas situaciones. El segmento de nuestra población que experimenta un mayor auge es el grupo de las personas de ochenta y cinco años o más; de esta población, aproximadamente el 58 por ciento presenta algún tipo de discapacidad. Por este motivo, un determinado grupo de profesionales, como los enfermeros, los auxiliares a domicilio y otras clases de personal sanitario se convierten, al menos durante un tiempo, en miembros temporales de la familia.

Los mecanismos que proporcionan este tipo de ayuda no están equiparados a la demanda. Los que realizan este tipo de trabajo raramente lo consideran un empleo a largo plazo; para la mayoría, sólo se trata de un paso intermedio antes de terminar sus estudios y alcanzar una mejor consideración profesional. Como consecuencia, el movimiento de empleados es elevado en este tipo de trabajos y muchos ancianos se encuentran con que después de haberse adaptado a un asistente sanitario a domicilio, éste es sustituido por otro. La mayoría de las personas que desempeñan este trabajo son mujeres; de hecho, el 80 por ciento de los que cuidan a niños y ancianos son de sexo femenino. Estos cuidadores reciben poca ayuda institucional y los que se esfuerzan por hacer bien su trabajo acaban descubriendo que también tienen que atender sus propias necesidades además de las de otras personas.

Cuando se afronta el cuidado de una persona anciana y/o enferma, es esencial marcarse unos objetivos realistas, analizar qué puede ofrecer la familia y saber cuándo debe buscarse ayuda profesional. Ya están lejanos los días en que todos los miembros de una gran familia vivían juntos y las mujeres de mayor edad ayudaban a las más jóvenes, o cuando las mujeres permanecían en casa con los hijos y cuidaban también de sus familiares ancianos y hacían los recados y la comida. Esta dinámica familiar ha cambiado hasta tal punto que es difícil encontrar un hogar que no necesite ahora o en el futuro de la ayuda de una persona adulta que no sea un familiar que actúe como cuidador. Es importante aceptar esta realidad y no obligarte a ti mismo o a los demás miembros de tu familia a adoptar un comportamiento irrealista con la cabeza llena de pájaros. La verdad es que todos tenemos nuestras limitaciones: de tiempo, paciencia, aguante y conocimientos; actuar dentro del margen de éstas favorecerá en gran medida las perspectivas de disfrutar de una vida familiar feliz.

Aunque la cuestión de los cuidadores afecta por lo general a personas de edad media, también tiene efecto sobre las más jóvenes. Esto es especialmente aplicable en el caso de aquellos cuyos hijos sufren algún tipo de enfermedad crónica o discapacidad que requiere unas atenciones especiales. Afortunadamente, ya no se interna a estos niños en instituciones. Aunque la interacción en la comunidad beneficia no sólo a los niños discapacitados sino también a todas las personas que los rodean, existe una lamentable falta de ayuda a este respecto y muchos de los que requieren de esta asistencia externa no pueden recibirla.

Entre algunos de los servicios que permiten a las familias mantener a ancianos o niños discapacitados en el seno familiar se encuentran los servicios diarios de cuidado de personas adultas y los servicios permanentes de cuidados. Existen otras organizaciones que prestan otros tipos de servicios como vacaciones supervisadas para los discapacitados, que no podrían viajar de otra manera.

Marion y Joyce
Una decisión dolorosa pero positiva

Marion era la anciana madre de Joyce, una mujer de mediana edad con síndrome de Down. Durante años Marion y su marido proporcionaron a

Joyce todos los cuidados que necesitaba, ayudados solamente por un programa de socialización que tenía lugar algunas tardes. Cuando el padre de Joyce murió, su madre se encontró sola al cuidado de su hija. Aunque Joyce había aprendido a hacer ella misma muchas de las actividades diarias básicas y pasaba sus días en un entorno protegido, Marion cada vez estaba más preocupada por lo que le ocurriría a su única hija cuando ella ya no pudiera cuidarla. Su máxima preocupación era que Joyce tendría que adaptarse a la muerte de su madre y a las nuevas circunstancias de su vida a la vez.

Con la ayuda de algunas asociaciones vecinales y estatales para personas con retraso, Marion pudo unirse a otros padres en la misma situación para crear un entorno de vida para Joyce y otras cuatro mujeres en circunstancias parecidas. Aunque a Marion le entristeció el hecho de que su hija se marchara de casa, estaba satisfecha de haber podido elegir dónde viviría su hija y el personal que la cuidaría. Ayudó a Joyce a realizar la transición y la siguió viendo con frecuencia. Joyce tardó varios meses en adaptarse, pero esta difícil tarea concluyó satisfactoriamente con la ayuda y apoyo de los profesionales.

Como ocurre en cualquier situación, los mejor informados, insistentes y reiterativos en su petición de ayuda son los que más probabilidades tienen de conseguir asistencia para un familiar discapacitado. Lo más acertado es ser consciente de que, sobre todo en el caso de una agencia gubernamental, las personas que tienen esta responsabilidad están sobrecargadas de trabajo con la cantidad de clientes y casos que deben atender. Sigue estos consejos para realizar los trámites de esta complicada burocracia:

- *Concierta una cita personal con el responsable de concederte estos servicios a ti o a un miembro de tu familia.* De esta forma, te considerará una persona y no solamente una voz más al teléfono u otra carta en el buzón.

- *Guarda todos los documentos y resguardos, los plazos establecidos, etc.* La mayoría de estos profesionales desean realmente ayudar a los demás, pero no podemos negar la realidad de que suelen estar muy sobrecargados de trabajo. Tener en tus manos toda la documentación necesaria puede resultar de gran ayuda cuando las cosas caigan en el olvido.

- *Intenta entablar otro tipo de relación con las personas encargadas de proporcionar estos servicios en lugar de limitarte a exigirles su ayuda.* Escríbeles una nota de agradecimiento, llévales unos dulces a la oficina…, cualquier cosa que sirva para agradecerles el bien que hacen. Todos sabemos por experiencia propia que no hay nada que motive más que saber que los demás te aprecian.

- *Tenlo todo preparado antes de ponerte en contacto con las personas que proporcionan estos servicios.* Cuando acudas a ellos, debes explicarles tus necesidades de manera clara y concisa. Si la persona con la que hablas no puede ayudarte, pídele que te ponga en contacto con quien pueda hacerlo.

- *Participa activamente.* Aunque tu agenda personal no te permita participar de manera regular en los grupos de trabajo que atienden tus necesidades, busca alguna forma de participar, lee las cartas y únete a ellos siempre que puedas. La información es poder.

- *Procura estar al día de la legislación existente al respecto y ponte en contacto con los legisladores cuando sea posible.* Tanto si eres un abogado como un simple votante, haz que los representantes electos conozcan tus preocupaciones.

- *No temas buscar asesoramiento profesional cuando te sientas sobrepasado por tus circunstancias familiares.* A veces lo único que necesitas es que se aparten las nubes para poder ver el sol y ser capaz así de reunir todos tus recursos y pasar a la siguiente tarea.

- *Procura relacionarte con personas que se encuentran en tu misma situación.* Compartiendo tus frustraciones y soluciones prácticas con otros puedes conseguir un poco de comprensión y enterarte de recursos existentes en los que no habías pensado.

La tendencia actual a tener que hacerse cargo de hijos dependientes y padres ancianos es una realidad de la vida moderna. Establece claramente cuáles son tus posibilidades, disponibilidad y prioridades o correrás el riesgo de convertirte en un mártir y acabar aplastado por el peso del proceso. No te dediques solamente al cuidado de tus familiares necesitados: también debes cuidarte a ti mismo. Tenderles la mano a los demás y dejar que los demás también te ayuden es el mejor consejo que podemos darte.

Apéndice

Consejos para crear una nueva familia feliz

Las siguientes directrices prácticas te servirán como recordatorio de los numerosos problemas con que se encuentran las personas que crean una nueva familia para que puedas anticiparte a ellos. Si tienes en mente recurrir a la ayuda de un terapeuta que te aconseje sobre el proceso de creación de tu nueva familia, estos consejos pueden servirte como punto de partida para centrarte en los problemas que más te afectan y contribuir a que el tiempo dedicado a las sesiones de consulta sea lo más eficaz posible.

Elegir un terapeuta

Antes de adentrarnos en las cuestiones propias de la creación de una nueva familia, vamos a centrarnos en el tema de cómo buscar un terapeuta. Como en todas las profesiones, los hay buenos y malos, pero aún así, dentro de los buenos, cada familia debe buscar el profesional que sea más apropiado para su caso.

Cuando busques un terapeuta, el primer consejo que te damos es que no lo busques en las Páginas Amarillas. Prácticamente cualquiera puede ofrecerse y anunciarse como terapeuta. Lo mejor es preguntarle a tu médico de cabecera; con toda probabilidad, él tendrá relaciones profesionales con varios. Tu médico de cabecera se encuentra en buena posición para ayudarte a elegir a un terapeuta adecuado puesto que te conoce a ti y también al que puede ser tu terapeuta. Una elección adecuada es muy importante en las relaciones psicoterapéuticas, quizá más importante que en cualquier otro tipo de relación médico-paciente.

No todo el mundo tiene la posibilidad de recurrir a un médico de cabecera, o quizá éste no conozca a ningún terapeuta. En este caso, puedes recurrir a una organización de profesionales de salud mental (consulta el apartado *Recursos*). Aunque no todos los profesionales licenciados en salud mental pertenecen a estas organizaciones, sí pueden servirte como punto de partida para buscar y evaluar cuál es el terapeuta más adecuado para tu caso. Cada estado cuenta con una asociación de psicólogos, que incluye a los asistentes sociales y a los consejeros matrimoniales y familiares. Por lo general, estas asociaciones se encuentran en la capital del estado y pueden facilitarte información de los profesionales por especialidad, ámbito de experiencia y localización geográfica.

Si decides recurrir a la ayuda de un profesional, busca uno licenciado; aunque el hecho de que el terapeuta esté licenciado no garantiza que sea el adecuado para ti, al menos constituye un estándar que te garantiza que ha adquirido un cierto nivel de conocimientos y que ha trabajado bajo la supervisión de un profesional médico especializado en la misma disciplina. También debemos decir que hay algunos médicos de talento que han optado por vías menos tradicionales, pero el hecho de carecer de un estándar básico que nos permita juzgar estas prácticas hace difícil discernir cuál de ellos puede proporcionarnos una terapia adecuada. Además, las compañías de seguros médicos no cubren ningún tipo de asistencia que no esté proporcionada por compañías o profesionales autorizados. El factor económico juega un papel decisivo en casi todas las decisiones que debe tomar una familia y la terapia no es una excepción. Por otra parte, la mayoría de las compañías sanitarias tienen sus propias listas restringidas de profesionales médicos cuyos servicios cubren con el contrato que has firmado con ellos; por lo tanto, asegúrate siempre de que tu seguro te ofrece cobertura por el servicio requerido y así podrás evitar una sorpresa desagradable cuando llegue la factura del terapeuta.

Los abogados matrimonialistas también pueden ayudarte a buscar un terapeuta especializado en asuntos referentes a la creación de una nueva familia. Si vas a formar una nueva familia después de haber pasado por un divorcio, tu abogado seguramente podrá recomendarte algunos profesionales médicos con experiencia en estas cuestiones.

Una vez que hayas decidido qué terapeuta es el que más te conviene, el siguiente paso es concertar una entrevista personal con él. Dedica un tiempo a asegurarte de que se trata de la persona adecuada. Las primeras impresiones son importantes en esta fase; independientemente de su formación y reputación, ninguna persona puede ayudar satisfactoriamente a todo el mundo.

Una vez determinada la forma de buscar un terapeuta, analizaremos las directrices que esperamos te ayuden de forma positiva en el proceso de creación de tu nueva familia.

Afrontar el divorcio

Cuando finalmente se toma la decisión de separarse, los implicados se sienten, por lo general, abrumados por un sentimiento de dolor, enfado y traición. Debes centrarte en lo importante.

- *Ten presente a tus hijos, a tus hijos y a tus hijos.* Cuando te sientes invadido por un sentimiento de ira, temor o tristeza, no puedes equivocarte si antepones las necesidades de tus hijos a tu propia infelicidad. Cuando sientas el deseo de pasarte horas discutiendo en el despacho de tu abogado sobre quién se quedará con los objetos de plata de la abuela, piensa si no sería mucho mejor gastar ese dinero y tiempo en Disneylandia por ejemplo.

- *Reduce las pérdidas.* A menudo, la gente habla del tiempo que estuvo con su cónyuge como si tratara de un tiempo perdido o malgastado porque acabó en divorcio, pero desde luego esto no es cierto. Como resultado de la unión, tienes buenos recuerdos, has aprendido muchas cosas sobre la vida y, lo más importante, tienes unos hijos estupendos. El único tiempo malgastado es el que se emplea en hablar del pasado en lugar de mirar hacia el futuro.

- *Ten en cuenta los aspectos prácticos.* No es el momento de adoptar una postura estúpida o noble. Es necesario tanto a nivel práctico como emocional realizar un reparto equitativo de los bienes. No sólo debes tener en cuenta que existen unos hijos que cuidar, sino que además debes pensar que no hay motivo para que uno de los cónyuges salga de un largo matrimonio en muchas mejores o peores condiciones que el otro. A esto hace referencia el aspecto «equitativo». Involucrarte en una larga batalla económica con tu ex para desquitarte no hace sino enriquecer a los abogados y, lo que es peor, te priva de algo que no podrás recuperar jamás: tu tiempo, felicidad y dignidad.

- *Busca ayuda.* Habrá días en los que necesites desahogarte con alguien o tomar unas copas con los amigos. En estas ocasiones tus amigos se sentirán satisfechos de poder ayudarte quedándose con tus hijos, o contigo, una noche. No sólo nadie espera que seas perfecto, sino que además se alegrarán de que no lo seas.

- *Utiliza a la familia como apoyo, no como un arma.* A menos que tu ex suponga una amenaza, no pretendas que tu familia se vuelva en su contra. Es cierto que no os reuniréis para comer todos juntos los domingos, pero seguramente tendrán algún contacto en alguna que otra ocasión, sobre todo si hay niños de por medio o vivís en una comunidad pequeña. No es acertado obligar a la gente a que se ponga de parte de uno o de otro o que deniegue a la otra persona el afecto que ha sentido por ella durante años. Establece unos límites cuando se hable de tu anterior pareja y rechaza cualquier intento equivocado de organizar un encuentro entre los dos. Sé fuerte y toma la iniciativa.

- *Habla con tus hijos.* Esto no significa que debas considerarlos tus mejores amigos; no los utilices como caja de resonancia de las quejas contra tu ex. Por el contrario, hazles saber que tú también te sientes triste y asustado y que tienen todo el derecho a sentirse como se sienten, aunque no pueden escudarse en esos sentimientos para hacer lo que quieran.

Prepararse para crear una nueva familia

Cuando por fin estás preparado para seguir adelante con tu vida, hay toda una serie de nuevos aspectos que debes considerar. En la siguiente lista enumeramos algunos de los aspectos básicos que deben tener en cuenta las personas que están a punto de formar una nueva familia.

- *Claridad y coincidencia de los objetivos de la pareja.* En pocas palabras, ¿estás seguro de que sabes en qué lío te estás metiendo? ¿Has analizado los factores de riesgo? ¿Tienes unas expectativas claras? ¿Coinciden con las de tu pareja? Y lo más importante, ¿son realistas vuestras expectativas comunes dada vuestra situación?

  Si tienes alguna duda acerca de la respuesta a cualquiera de estas preguntas, lo mejor es que procedas con cautela y busques el asesoramiento de un terapeuta adecuadamente experimentado. En general, el consejo de los familiares y amigos suele ser sincero, pero no es objetivo. Si se te plantea alguna duda, lo mejor es consultarla a un profesional. Más de una amistad o relación familiar se ha visto perjudicada a causa de un consejo bien intencionado, aunque inadecuado.

- *Deseo de adaptarse.* Si ya has dado el primer paso de este proceso, es el momento de analizar la cuestión del compromiso. Piensa en si estás dispuesto y si serás capaz de realizar los cambios necesarios en tu forma de vida para alcanzar un resultado razonablemente positivo. Mantén una conversación sincera con tu pareja y cualquier otra persona implicada sobre qué compromisos es necesario adoptar y quién lo hará.

- *Motivación para la relación/creación de la nueva familia.* Llegados a este punto, ya has dejado lo suficientemente claros algunos aspectos sobre tu próximo compromiso, pero ahora debes analizar los motivos que te impulsan a tomar esta decisión y asegurarte de que no entablas esta relación para librarte de otra anterior que resultó muy dolorosa. Es el momento de asegurarte de que inicias esta nueva relación de forma flexible y realista sin hacer castillos en el aire sobre lo que te deparará el futuro.

- *Autoridad.* Es importante que establezcas un plan de actuación con tu nueva pareja para que no subestime o abuse de su autoridad como padrastro o madrastra. Al menos al principio, lo mejor es que la nueva figura paterna o materna actúe como supervisor del comportamiento del niño, adoptando una actitud más propia de una niñera en lugar de actuar como la típica figura paterna autoritaria.

- *Familia y carrera profesional.* Todos los implicados en una separación, divorcio y segundo matrimonio deben idear un plan de acción para compaginar las agendas personales, las carreras profesionales y la familia. Cuanto antes se haga, mejor que mejor.

- *Vivienda.* Sobre todo en los casos en los que una de las familias se traslada a vivir al que ha sido durante mucho tiempo el hogar familiar de la otra, debes procurar buscar la forma de reflejar lo máximo posible la nueva unidad familiar, respetando a la vez las normas establecidas desde hace tiempo en el ambiente familiar ya existente.

- *Vinculación.* Cuando uno de los progenitores se casa de nuevo, todo el mundo debe prepararse y adaptarse al hecho de que a partir de ese momento el niño pasará menos tiempo con el progenitor que no tenga su custodia. Aunque es evidente que establecer una vinculación entre el niño y su padrastro o madrastra es esencial para el bienestar del menor, también es cierto que pueden surgir problemas si este proceso disminuye el vínculo entre el niño y su padre o madre biológica.

- *La cadena de divorcio*. Esta duda se plantea a la hora de tomar una decisión sobre quién forma parte realmente y quién no de la nueva unidad familiar. Una de las dudas que pueden plantearse es si los hijos que no viven habitualmente con la nueva familia forman parte o no del hogar.

La etapa final del proceso de creación de la nueva familia

Todo proceso tiene una última etapa, que supone la normalización de todo sobre lo que se ha estado trabajando hasta este punto. En este momento las cosas empiezan a desarrollarse de manera automática y los miembros de la familia ya poseen un mayor grado de confianza y unión sentimental entre sí.

Es obvio que, al igual que ocurre con otros muchos aspectos de la vida, hay un patrón para esta etapa final. Sin embargo, estas cosas llevan su tiempo y en estas situaciones intervienen muchos factores, por lo que es esencial tener paciencia. El proceso de creación de una nueva familia no es fácil y en raras ocasiones se desarrolla sin ningún contratiempo.

A continuación incluimos algunas directrices básicas que pueden servir de ayuda a la cada vez mayor cantidad de gente que se embarca en este tipo de procesos:

- *Asegúrate de haber analizado y comprendido totalmente las circunstancias principales que desembocaron en la disolución de tu anterior relación de pareja.*

- *Asegúrate de que tu nueva pareja y tú compartís la misma opinión sobre vuestra nueva familia recién creada.*

- *Dedica un tiempo a analizar cualquier sentimiento oculto de ira, celos o desconfianza que pueda interferir en el proceso.*

- *Sé sincero contigo mismo sobre el papel real que desempeñas ante cualquier dificultad.* Lo más fácil es echar la culpa a los demás cuando surge un problema.

- *Ten en cuenta que tus hijos también son personas y que debes respetar sus opiniones y sentimientos.* No des por hecho que ellos estarán de acuerdo por sistema con tu forma de ver las cosas.

- *Respeta las opiniones de tu ex cónyuge en lo referente a la educación de los hijos.*

- *No dudes en buscar ayuda profesional si es necesario.* No es un signo de debilidad ni de flaqueza. Recuerda que para completar satisfactoriamente cualquier proyecto importante, a veces es necesario salir a comprar alguna herramienta que no tenemos.

No hay una fórmula mágica que nos asegure el éxito, pero esperamos que estos consejos te sirvan de ayuda en el difícil pero gratificante proceso de creación de una nueva familia.

Recursos

Para buscar un terapeuta licenciado o autorizado

Asociación Española de Pediatría
Calle de Villanueva, 11
28001 Madrid
Teléfono: 914 354 916
www.aeped.es

Colegio Oficial de Psicólogos
Conde de Peñalver, 45
28006 Madrid
Teléfono: 913 095 614
www.cop.es

Consejo General de Colegios Oficiales de Diplomados en Trabajo Social
y Asistentes Sociales
Calle Campomanes, 10, 1º
28013 Madrid
Teléfono: 915 415 776 / 777
www.cgtrabajosocial.es

Federación Española de Asociaciones de Psicoterapeutas
Cristobal Bordiú, 35 - Of.105
Teléf. 91-554.35.88 - Fax 91-533.76.50
28003 - MADRID
http://www.feap.es/

Otros recursos

Sitio web de AARP: programas para abuelos al cargo de sus nietos:
www.aarp.org/confacts/grandparents/modelprgs.html

Asociación americana de terapia matrimonial y de familia:
www.aamft.org

Asociación andaluza de terapia matrimonial y sistemas humanos:
http://www.arrakis.es/~aatfash/

Asociación americana de asistencia socio-psicológica
5999 Stevenson Avenue
Alexandria, VA 22304
(703) 823-9800

Asociación de asistencia socio-psicológica para gays, lesbianas y bisexuales
www.aglbic.org

Coordinadora gay y lesbiana en España
http://www.cogailes.org/

Contrato con un hijastro
(ejemplo de contrato entre un padrastro o madrastra y un hijastro, que
ayuda a ambas partes a comprender qué deben esperar de su relación)
www.stepparenting.about.com/parenting

Instituto Dovetail de recursos para familias interreligiosas
(organización altruista que ayuda a analizar de forma objetiva las cuestiones
relativas al cristianismo y al judaísmo que afectan a la creación de una
familia interreligiosa)
www.dovetailinstitute.org

Proyectos de familias diversas Inc.
(para asuntos relacionados con todo tipo de diversidades en la familia)
Peggy Gillespie y Gigi Kaesner
P.O. Box 1209
Amherst, MA 01004-1209
(413) 256-0502

Fundación para los abuelos
www.grandparenting.org

Adopciones por parte de gays y lesbianas
www.adopting.org/gaystate.html

Asociación de padres de gays y lesbianas en España
http://www.cogailes.org/pares/hemapresc.html

GrandsPlace
(dedicado a los abuelos y otras personas especiales al cargo de menores)
www.grandsplace.com

Información para los abuelos
www.enplenitud.com

HealthPLACE: creación de nuevas familias
(ayuda a los niños a adaptarse a sus nuevas familias)
www.highmark.com/healthplace/blend.html

¿Existe una fórmula para crear una nueva familia?
(padres que ayudan a otros padres y profesionales)
www.practicalparent.org.uk/blend.html

Información sobre los cambios familiares en el mundo
http://www.socwatch.org.uy/2000/esp/tematicos/nuevasfamilias.htm

Red de asuntos para lesbianas y gays de edad avanzada
www.asaging.org/lgain.html

Momazons
(organización nacional y red de referencia por y para lesbianas que desean
adoptar un hijo)
www.momazons.org

Información sobre la adopción para lesbianas en España
http://www.fundaciontriangulo.es/temporal/e_paternidad.htm

Grupo de ayuda mutua para padres y madres de lesbianas y gays
http://www.cogam.org/grupoayu.htm

El mosaico de una familia
(un enfoque positivo para la consolidación de familias con hijos adoptados y hijastros)
www.patchworkfamily.com

La librería de las «nuevas familias»
(dedicada a proporcionar material de lectura a los que se enfrentan a la
creación de una nueva familia feliz y sana)
www.concentric.net./~Lismith/STEP.HTM

Stepfamily Life Can Be Hell.
www.abrandes.com

Cuando no estáis unidos como una piña
(analiza el establecimiento de acuerdos efectivos entre los progenitores)
www.parentsplace.com

Educar Familia: Es un servicio de información para las familias, con el
objetivo de ayudar a padres y educadores en la difícil tarea de educar.
http://www.exponet.es/edufam/home.html

Información sobre el maltrato en familias con divorcios.
http://www.psicopedagogia.com/wwwboard/messages/2192.html

Coordinadora de Asociaciones en Defensa de la Adopción y el Acogimiento
http://www.coraenlared.org/

Ayudas dirigidas al cuidado de ancianos y ancianas desde el ámbito familiar.
Ámbito y objeto.
http://www.gva.es/cbs/familia/ancianos.htm

Soluciones para cuidar y convivir con los más mayores
www.todoancianos.com/

Índice alfabético

A

abogado, divorcio, 5-6
  elegir, 3-4
abogados matrimonialistas, 5-6
  elegir, 3-4
abuelos al cargo, 87-88, 100
  casos reales de, 89-100
adolescentes
  (*véase* niños)
  casos reales de, 37-40
  la nueva familia y, 35-37
adopciones, 102-107
  (*véase* niños; padres de acogida)
  casos reales de, 107-109
adultos
  (*véase* niñeras en el hogar;
  generación sándwich)

C

casos reales,
  de abuelos al cargo, 89-100
  de adolescentes, 37-40
  de adopciones, 107-109

de cuidadores del hogar,
122-126, 127-128
de divorcio, 8-12
de establecer normas, 24-31
de familias de gays y lesbianas,
67-78
de la generación sándwich,
114-121
de lealtades divididas, 32-35
de matrimonios interraciales,
44-47, 48-51
de niños maltratados, 82-86
de segundas familias, 19-23,
24-31, 32-35, 37-40

D

diferencias religiosas, 57-58
divorcio
  abogados matrimonialistas, 3-6
  casos reales de, 8-12
  estadísticas, 2
  líneas guía para superar, 133-135
  mediadores, 5
  prepararse para, 2-4
  terapeutas para, 6-7

No dejes que los problemas te quiten el sueño...
Aún hay más títulos de la colección por descubri

101 ideas para que tu hijo crezca feliz.

Este libro ofrece a los padres 101 maneras de ayudar a que tu hijo desarrolle un sentido profundo de amor por sí mismo que le durará toda la vida. Aprenderás a trabajar con los impulsos naturales del niño y no en contra, viéndolo todo desde la perspectiva de tu hijo.

McCOURT. ISBN: 84-481-3734-5

Los niños y el dinero. Educar a los hijos en la responsabilidad.

Desde este libro se aborda el porqué de la importancia de inculcar en la familia una relación sana con el dinero, evitando así que la riqueza malcríe a los hijos, educándolos equilibrados y seguros tanto en el terreno emocional como en el económico.

GALLO/GALLO. ISBN: 84-481-3740-X

El abecedario de la educación infantil: De la escuela infantil al colegio.

Todo lo que necesitas saber para que tanto tu hijo como tú afrontéis el cambio que significa el primer día de colegio después de la escuela infantil sin que esta transición resulte traumática para ambos.

BERNARD. ISBN: 84-481-3738-8

La rebelión de los adolescentes.

A través del contrato de conducta, la doctora Paula Stone Bender propone un método basado en ofrecer a tu hijo incentivos positivos, mediante el cumplimiento de normas, que le enseñarán valiosas lecciones de responsabilidad personal. Con la ayuda de este libro tu hijo no conseguirá volverte loco.

STONE. ISBN: 84-481-3737-X

Los hijos y el divorcio. 50 formas de ayudarles a superarlo.

Escrito por dos prestigiosos psicólogos, el libro está lleno de métodos prácticos, eficaces y de gran utilidad para ayudar a tu hijo a acostumbrarse y a hacer frente al mayor cambio de su vida, minimizando los efectos negativos del divorcio y haciéndolo menos doloroso para él.

LONG/FOREHAND. ISBN: 84-481-3736-1

Pero las soluciones no acaban aquí... entra en nuestra web
y descubre cómo Actúa puede ayudaros a ti y a los tuyos

w w w . a c t u a l i b r o s . c o m